图解汽车构造与原理

（全彩视频版）

马思驰　主编

电子工业出版社
Publishing House of Electronics Industry
北京·BEIJING

内 容 简 介

本书采用彩色图解、动画演示、视频讲解的方式，全方位展示汽车各个部分的构造、功能及工作原理。书中列举一些汽车专业术语及总成部件名称及对应英文，方便读者在了解汽车知识的同时学习汽车英文术语。

本书分为汽车概述、动力系统、底盘系统、车身系统、电气系统五章，各章分为若干节，以一节一个主题的方式进行讲解。第1章介绍汽车类型与参数，总体结构及运行原理；第2章介绍动力系统，主要讲述汽油机、柴油机各系统的组成、作用与工作原理，同时对转子发动机、燃料发动机及电动化系统（新能源汽车）进行简单介绍；第3章介绍底盘传动、行驶、转向、制动四大系统的结构与原理；第4章简要介绍汽车车身结构特点、安全系统及内外饰件的相关知识；第5章主要介绍汽车发动机、底盘与车身的电气系统、自动驾驶系统的构成与原理；附录介绍汽车车标与品牌、车身常见标识与汽车专业英文缩略语。

本书适合广大汽车爱好者、汽车从业人员及汽车驾驶人员阅读，可作为相关从业人员的培训用书，也可作为高等职业学校、中等职业学校、技工学校等汽车类专业师生的专业教材。

未经许可，不得以任何方式复制或抄袭本书之部分或全部内容。
版权所有，侵权必究。

图书在版编目（CIP）数据

图解汽车构造与原理：全彩视频版 / 马思驰主编 . —北京：电子工业出版社，2023.8
ISBN 978-7-121-45923-8

Ⅰ.①图… Ⅱ.①马… Ⅲ.①汽车－构造－图解 Ⅳ.① U463-64

中国国家版本馆 CIP 数据核字（2023）第 124751 号

责任编辑：管晓伟
文字编辑：杜 皎
印　　刷：北京市大天乐投资管理有限公司
装　　订：北京市大天乐投资管理有限公司
出版发行：电子工业出版社
　　　　　北京市海淀区万寿路 173 信箱　邮编：100036
开　　本：787×1092　1/16　印张：15.75　字数：404 千字
版　　次：2023 年 8 月第 1 版
印　　次：2023 年 8 月第 1 次印刷
定　　价：98.00 元

凡所购买电子工业出版社图书有缺损问题，请向购买书店调换。若书店售缺，请与本社发行部联系，联系及邮购电话：（010）88254888，88258888。
质量投诉请发邮件至 zlts@phei.com.cn，盗版侵权举报请发邮件至 dbqq@phei.com.cn。
本书咨询联系方式：（010）88254460；　guanphei@163.com；　197238283@qq.com。

前言

　　随着我国汽车工业的飞速发展与人们的生活水平的普遍提高，汽车渐渐从遥不可及变成如影相随，走入了每个人的生活。汽车不是简单的工业制品，它融合了机械电子、自动控制、自动驾驶、智能网联等诸多高新科技。如何快捷、有效地学习和理解汽车的原理与构造相关知识，成为摆在每个现代"汽车人"面前的课题。

　　本书采用彩色图解、动画演示、视频讲解相结合的方式，全方位展示汽车各个部分的构造、功能及工作原理，让没有接触过、了解过汽车这种复杂的智能化机电产品的读者可以轻松地掌握相关知识。

　　图解是本书最主要的呈现方式，本书集合了结构剖面图、部件分解图、安装位置图、原理方框图等多种类型的插图，从多个方面描述汽车的原理与构造，使内容更加直观形象、简洁明了。此外，书中对一些汽车专业术语及总成部件名称标注了对应的英文名称，方便读者在学习汽车知识的同时了解汽车英文术语。这种编写方式，对在工作中经常接触汽车英文技术资料及进行汽车配件外贸工作的人来说尤其有用。

　　总而言之，本书具有以下特点。

　　① **人人可用**。本书以彩色图解、动画演示、视频讲解相结合的方式讲解汽车原理与构造，虽然讲解的是专业知识，面向的是专业领域，但内容通俗易懂、简洁明了，即使没有任何专业基础的人员也同样适用，可以零起点学习汽车知识，从初学快步走向精通。

　　② **好学易懂**。本书通过实体展示图、三维透视图、部件分解图、原理示意图等图解形式直观形象地介绍汽车的组成系统、总成及零部件；利用动画动态展示汽车各总成系统的组成与工作原理；通过视频演示讲解系统的工作原理和工作过程，从而立体化地呈现专业知识，使之更易学、更好懂。

　　③ **系统全面**。本书与目前汽车专业院校应用的汽车构造类教材内容相匹配，按照汽车结构特点，从整体到部分，从基础原理到深层应用，从传统应用到新技术普及，依次展开，尽量做到"点面结合，一目了然"。

　　④ **内容更新**。本书在传统燃油汽车技术的基础上，增加了近年来发展看好的新能源汽车与自动驾驶汽车技术的内容。在融入新的汽车技术的同时，去除了一些陈旧的内容，便于读者与时俱进地学习汽车原理与构造。

　　⑤ **中英结合**。专业的汽车技术人员（包括汽车维修技师）经常接触各类英文技术资料；在进行外贸业务时，也时常会遇到标注英文的零部件及专业术语。本书对一些汽车专业术语及零部件名称，采用中英文对照的编写方式，方便读者在了解汽车知识的同时学习汽车英文术语。在实际工作中需要注意，不同厂商使用的术语有时会有差异。

本书分为汽车概述、动力系统、底盘系统、车身系统、电气系统五章，各章分为若干节，以一节一个主题的方式进行讲解。第 1 章介绍汽车类型与参数，总体结构及运行原理；第 2 章介绍动力系统，主要讲述汽油机、柴油机各系统的组成、作用与工作原理，同时对转子发动机、燃料发动机及电动化系统（新能源汽车）进行简单介绍；第 3 章介绍底盘传动、行驶、转向、制动四大系统的结构与原理；第 4 章简要介绍汽车车身结构特点、安全系统及内外饰件的相关知识；第 5 章主要介绍汽车发动机、底盘与车身的电气系统、自动驾驶系统的构成与原理；附录介绍汽车车标与品牌、车身常见标识与汽车专业英文缩略语。

本书适合广大汽车爱好者、汽车从业人员及汽车驾驶人员阅读，可作为相关从业人员的培训用书，也可作为高等职业学校、中等职业学校、技工学校等汽车类专业师生的专业教材。

本书由马思驰主编，参加编写的人员有朱如盛、彭斌、彭启凤等。在编写过程中，编者参考了大量汽车厂商的技术文献和网络信息资料，在此，谨向这些资料的原创者表示由衷的感谢！由于本书内容涉及范围广，新增技术较多，囿于编者水平，错漏与不足之处在所难免，恳望广大读者不吝指正。

编　者

超值赠送课程PPT+超清汽车构造三维立体透视图

目录

01 第1章 汽车概述

第1节	汽车类型	1		1.3.3	车身	10
1.1.1	按用途分类	1		1.3.4	电气	10
1.1.2	按车身分类	2	第4节		汽车原理	11
第2节	汽车参数	3		1.4.1	汽车行驶原理	11
1.2.1	车身参数	3		1.4.2	燃油与燃气汽车	12
1.2.2	性能参数	3		1.4.3	纯电动汽车	13
第3节	汽车组成	4		1.4.4	混合动力汽车	14
1.3.1	动力	8		1.4.5	燃料电池汽车	16
1.3.2	底盘	9				

02 第2章 动力系统

第1节	发动机概述	18	第4节		发动机原理	29
第2节	发动机类型	19		2.4.1	四冲程汽油机	29
2.2.1	汽油机	19		2.4.2	四冲程柴油机	29
2.2.2	柴油机	21		2.4.3	二冲程汽油机	29
2.2.3	转子发动机	22		2.4.4	转子发动机	31
第3节	发动机组成	24	第5节		发动机术语	31
2.3.1	曲柄连杆机构	25		2.5.1	上止点与下止点	31
2.3.2	配气机构	25		2.5.2	行程与冲程	32
2.3.3	燃料系统	26		2.5.3	容积与排量	32
2.3.4	冷却系统	26		2.5.4	压缩比与空燃比	32
2.3.5	润滑系统	27		2.5.5	功率和扭矩	34
2.3.6	启动系统	27	第6节		曲柄连杆机构	35
2.3.7	点火系统	28		2.6.1	发动机机体组	35

2.6.2 发动机活塞连杆组	35	2.9.7 废气再循环	68
2.6.3 曲轴飞轮组	37	2.9.8 燃油蒸发控制系统	70
2.6.4 平衡轴组件	37	2.9.9 三效催化转化器	70
第7节 配气机构	38	2.9.10 汽油颗粒捕集器	72
2.7.1 气门组	38	2.9.11 柴油机后处理系统	72
2.7.2 传动组	39	第10节 润滑系统	74
2.7.3 气门正时与气门间隙	42	2.10.1 概述	74
2.7.4 正时链与正时带	43	2.10.2 机油泵	76
2.7.5 可变气门正时与升程	45	2.10.3 干式油底壳	77
第8节 燃料系统	53	2.10.4 机油滤清器	77
2.8.1 概述	53	第11节 冷却系统	79
2.8.2 汽油机燃料供给系统	53	2.11.1 概述	79
2.8.3 汽油机缸内直喷系统	54	2.11.2 冷却原理	79
2.8.4 柴油机燃料供给系统	56	2.11.3 节温器	80
2.8.5 天然气发动机燃料供给系统	57	2.11.4 动力电池冷却与加热	83
第9节 进气、排气系统	58	2.11.5 电驱总成冷却系统	84
2.9.1 概述	58	第12节 电动化系统	86
2.9.2 进气系统	59	2.12.1 概述	86
2.9.3 可变进气歧管	61	2.12.2 动力电池	91
2.9.4 排气系统	62	2.12.3 充电系统	93
2.9.5 涡轮增压器	63	2.12.4 电驱系统	96
2.9.6 机械增压器	64	2.12.5 整车控制	98

03 第3章 底盘系统

第1节 底盘概述	101	3.2.4 手动变速器	106
3.1.1 传动系统	102	3.2.5 自动变速器	110
3.1.2 行驶系统	103	3.2.6 双离合变速器	110
3.1.3 转向系统	103	3.2.7 钢带式无级变速器	114
3.1.4 制动系统	103	3.2.8 四轮驱动	115
第2节 传动系统	104	3.2.9 传动轴与驱动轴	117
3.2.1 概述	104	3.2.10 差速器与减速器	118
3.2.2 布置形式	106	第3节 行驶系统	120
3.2.3 离合器	106	3.3.1 概述	120

3.3.2	悬架类型	121	3.4.3	循环球式转向机构	134
3.3.3	麦弗逊式悬架	121	3.4.4	机械液压助力转向系统	136
3.3.4	扭杆梁式悬架	122	3.4.5	电动液压助力转向系统	136
3.3.5	双叉臂式悬架	123	3.4.6	电子助力转向系统	136
3.3.6	多连杆式悬架	123	第5节	制动系统	139
3.3.7	稳定杆与减震器	125	3.5.1	概述	139
3.3.8	空气悬架	126	3.5.2	液压制动系统	139
3.3.9	车轮与轮胎	127	3.5.3	盘式制动器	140
3.3.10	车轮定位	130	3.5.4	鼓式制动器	142
第4节	转向系统	132	3.5.5	制动助力器	143
3.4.1	概述	132	3.5.6	驻车制动器	144
3.4.2	齿轮齿条式转向机构	133			

04 第4章 车身系统

第1节	车身概述	146	第3节	汽车内饰件	153
4.1.1	车架	146	4.3.1	概述	153
4.1.2	白车身	148	4.3.2	座椅	154
4.1.3	汽车车身材料	149	4.3.3	仪表板	155
第2节	安全系统	150	第4节	汽车外饰件	156
4.2.1	碰撞能量吸收及测试	150	4.4.1	概述	156
4.2.2	行人保护系统	151	4.4.2	保险杠	156
4.2.3	安全带	152	4.4.3	天窗	157

05 第5章 电气系统

第1节	电气概述	158	第3节	底盘电气系统	166
第2节	发动机电气系统	159	5.3.1	防抱死制动系统	166
5.2.1	启动系统	159	5.3.2	车身电子稳定系统	167
5.2.2	点火系统	160	5.3.3	电动助力转向系统	168
5.2.3	电子控制燃油喷射系统	162	5.3.4	动态主动转向系统	170
5.2.4	柴油机电子控制高压		5.3.5	电子驻车制动系统	171
	共轨系统	163	5.3.6	胎压监测系统	172

5.3.7	电子减震器控制系统	174	第5节	自动驾驶系统	208
5.3.8	电动主动式侧倾稳定杆	175	5.5.1	自适应巡航	210
第4节	车身电气系统	176	5.5.2	前向紧急制动	211
5.4.1	电源系统	176	5.5.3	交通拥堵辅助	213
5.4.2	组合仪表	177	5.5.4	车道保持辅助	214
5.4.3	照明系统	178	5.5.5	车道变更辅助	216
5.4.4	电动装置	180	5.5.6	红外夜视辅助	216
5.4.5	电热装置	190	5.5.7	抬头显示	217
5.4.6	电声装置	191	5.5.8	防撞预警	218
5.4.7	空调系统	193	5.5.9	盲区监测警示	219
5.4.8	音响系统	199	5.5.10	开门警示辅助	219
5.4.9	安全气囊	201	5.5.11	疲劳驾驶警示	220
5.4.10	防盗系统	202	5.5.12	交通标志识别	220
5.4.11	车身控制模块	204	5.5.13	驻车距离控制	221
5.4.12	车载网络	206	5.5.14	倒车影像	222
			5.5.15	全景影像	222
			5.5.16	自动泊车	223

附录　225

A. 汽车车标与品牌名称　225
B. 汽车英文标识含义　233
C. 汽车英文缩略语释义　237

第1章 汽车概述

第1节 汽车类型

汽车按用途可分为运输汽车和特种用途汽车。运输汽车可分为轿车（又称乘用车）、客车与货车（统称商用车），特种用途汽车可分为特种作业车（如救护车、消防车、环卫车）、娱乐车（如旅游房车、沙滩车）和竞赛车等。

1.1.1 按用途分类

汽车按用途分类，如表1-1所示。

表1-1 汽车按用途分类

分类方式		图例				
运输汽车	轿车（乘用车）按发动机排量分级（单位：L）	微型（<1.0）	紧凑型（1.0~1.6）	中级（1.6~2.5）	中高级（2.5~4.0）	高级（>4.0）
	客车（商用车）按车身长度分级（单位：m）	微型（≤3.5）	轻型（3.5~7）	中型（7~10）	大型（10~12）	特大型（铰接式或双层）
	货车（商用车）按总质量分级（单位：t）	微型（≤1.8）	轻型（1.8~6）	中型（6~14）	重型（>14）	
特种用途汽车	特种作业车	救护车	消防车		环卫车	
	娱乐车	旅游房车		沙滩车		

续表

分类方式		图例
特种用途汽车	竞赛车	

1.1.2 按车身分类

轿车按车身结构特点可分为单厢车，两厢车，三厢车，掀背车，敞篷车（分硬顶和软顶）、跑车、旅行车、SUV、SRV、越野车、跨界车等。轿车按车身分类，如表1-2所示。

表1-2　轿车按车身分类

分类方式	图例		
厢体形式	单厢车（面包、微型车）	两厢车（SUV、SRV、旅行车）	三厢车（轿车）
车体特征	多用途汽车（MPV）	跨界车型（CROSS）	运动型多用途汽车（SUV）	越野车（ORV）
车篷/车背形式	轻便客货两用车（PICK UP）	敞篷车（软顶）	敞篷车（硬顶）	掀背车
轿车车身形式	鱼形（车身）汽车	船形（车身）汽车	楔形（车身）汽车
跑车类型	Coupe（双门轿跑车）	Roadster（敞篷跑车）	Cabriolet（2+2座敞篷车）	Spyder（中后置发动机跑车）
	Targa（半敞篷车）		Super Sport Car（超级跑车）

第2节　汽车参数

1.2.1　车身参数

车身参数（见图1-1）主要表现为车辆的空间（车长、车宽、车高、轴距、轮距等）及通过性（最小离地间隙、接近角、离去角等）。

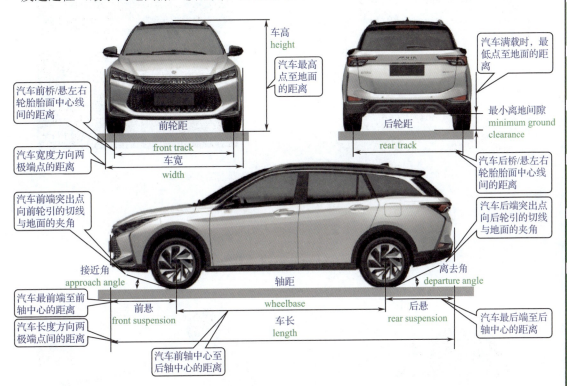

图1-1　车身参数

1.2.2　性能参数

汽车性能（功能）参数包括发动机额定功率、排量、最高车速、最大爬坡度、平均燃料消耗量、驱动方式及整车整备质量等参数。汽车燃料消耗标识与铭牌上的参数标识如图1-2所示。

最高车速（km/h）：指汽车在平直道路上行驶时能够达到的最大速度。

最大爬坡度（%）：指汽车满载时的最大爬坡能力。

平均燃料消耗量（L/100km）：指汽车在道路上行驶时每一百千米的平均燃料消耗量。

车轮数和驱动轮数（$n×m$）：车轮数以轮毂数为计量依据，n代表汽车的车轮总数，m代表驱动轮数。

整车整备质量（kg）：指汽车完全装备好的质量，包括润滑油、燃料、随车工具和备胎等所有装置的质量。

最大允许总质量（kg）：指汽车满载时的总质量。

最大装载质量（kg）：指汽车在道路上行驶时的最大装载质量。

最大轴载质量（kg）：指汽车单轴所承载的最大总质量，与道路通过性有关。

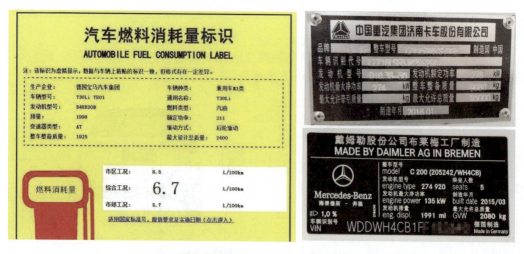

图1-2　汽车燃料消耗量标识与铭牌上的参数标识

第3节　汽车组成

汽车通常由动力（发动机）、底盘、车身、电气四大部分组成，如图1-3所示。

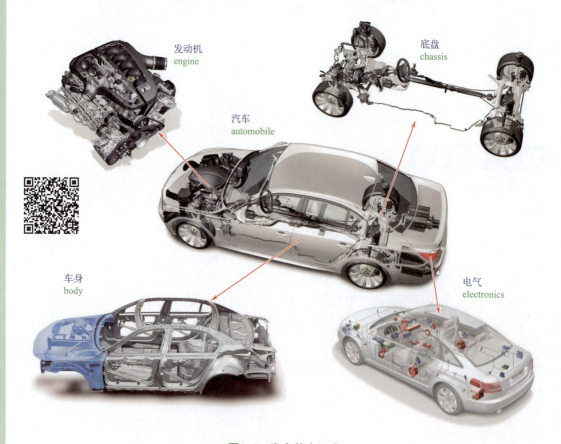

图1-3　汽车基本组成

汽车结构透视图及底盘部件仰视图如图1-4、图1-5所示。

图1-4 （发动机）前置后驱两厢车型结构透视图

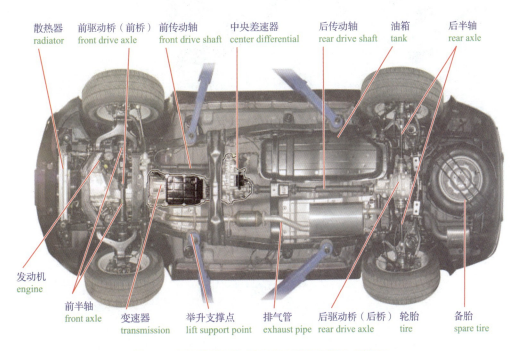

图1-5 四驱承载式车身SUV车型底盘部件仰视图

货车结构部件分解如图 1-6 所示。

图1-6 货车结构部件分解

汽车（轿车）总成及车身部件分解如图 1-7 所示。

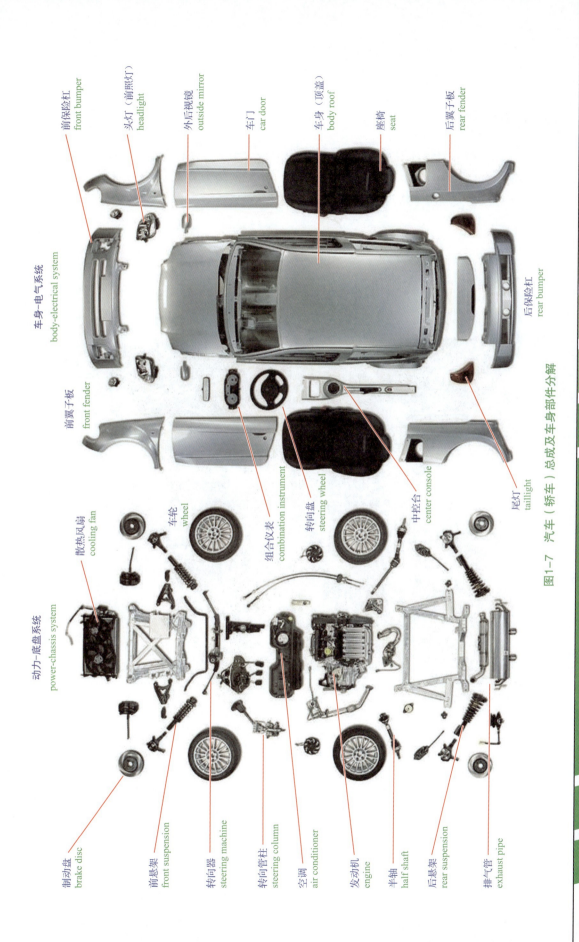

图1-7 汽车（轿车）总成及车身部件分解

1.3.1 动力

燃油汽车的动力装置为发动机，也称内燃机或引擎。发动机使进入其中的燃料燃烧产生热能，并转化为动能，驱动汽车行驶。电动汽车的动力装置为牵引电机。以直列四缸汽油机为例，发动机基本组成如图1-8所示。

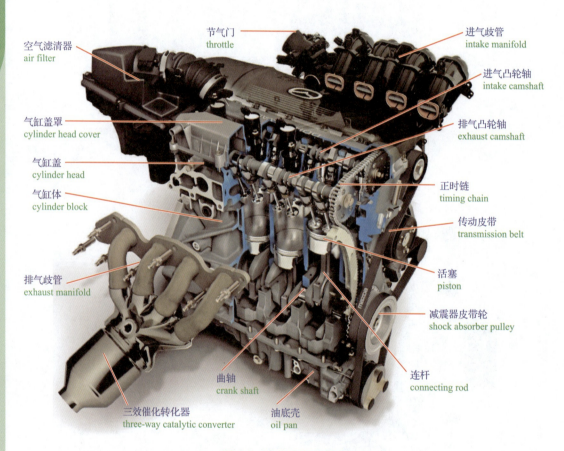

图1-8 发动机基本组成

以四缸汽油机为例，主要零部件分解后实物如图1-9所示。

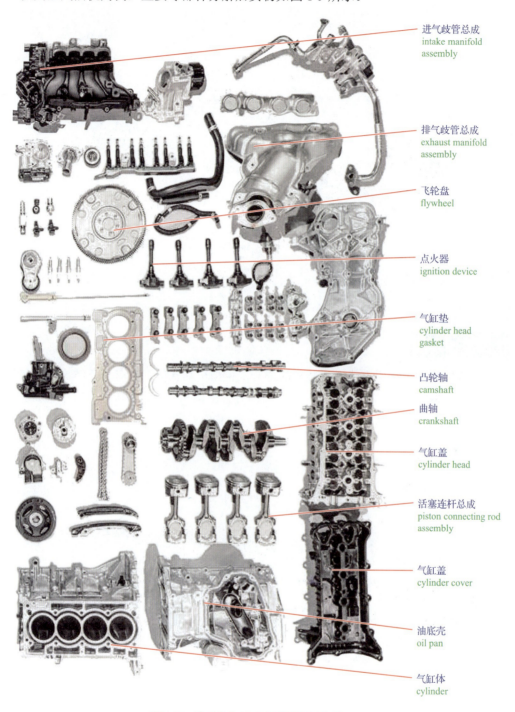

图1-9　发动机主要零部件分解后实物

1.3.2　底盘

汽车底盘由传动、行驶、转向和制动四大系统组成（图1-10）。底盘的作用是支撑车身并接受发动机的动力，使汽车运动，保证正常行驶。

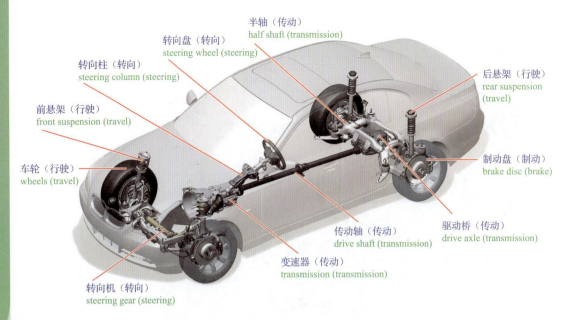

图1-10 汽车底盘

1.3.3 车身

车身指的是车辆用来载人或装货的部分，也指车辆整体。汽车车身结构主要包括车身壳体及车体闭合件（也称白车身）、车身内外装饰件和车身附件等。汽车车身如图1-11所示。在货车和专用汽车上，车身还包括车厢和其他专用装备。

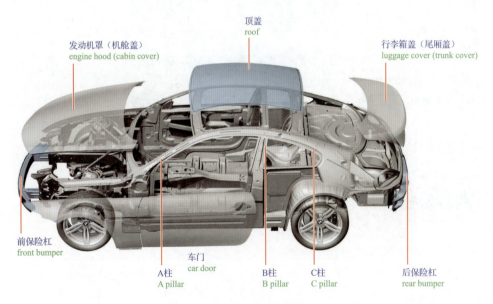

图1-11 汽车车身

1.3.4 电气

汽车电气系统部件很多，常见的如蓄电池、发电机、启动机、配电盒（熔断丝和继电器盒）、空调、音响扬声器、灯光信号和各种电动装置（座椅、后视镜、门锁、车窗、天窗、雨刮与洗涤器等），以及各种电热装置（除霜器、PTC、点烟器）和各种电声装置（喇叭、发动机声音模拟器、报警器）。此外，还有大量的汽车电子控制系统的传感器、执行器与控制器及其连接线束，以及网线总线等。汽车电气如图1-12所示。

图1-12　汽车电气

第4节　汽车原理

1.4.1　汽车行驶原理

汽车的行驶过程是驱动力不断克服运动阻力的过程。汽车起步时，当驱动力增加至足以克服汽车静止所受的阻力时，汽车便开始行驶。汽车等速行驶时，汽车所受阻力主要由滚动阻力 F_f、空气阻力 F_w 和上坡阻力 F_i 组成。当驱动力大于总阻力（$\Sigma F = F_f + F_w + F_i$）时，汽车将加速行驶。汽车行驶原理如图1-13所示。

圆周力$F_0 = M_t$（驱动力矩）$/r$（车轮滚动半径）

发动机经由传动系在驱动轮上施加驱动力矩M_t，在该力矩作用下，驱动轮与路面接触处对路面施加以圆周力F_0，数值为M_t与驱动车轮滚动半径之比，力的方向与行驶方向相反，由于车轮与路面的附着作用，路面对车轮施加一个数值相等的反作用力F_t，F_t便是汽车行驶的驱动力。

图1-13　汽车行驶原理

由附着作用决定的阻碍车轮打滑的路面反力的最大值称为附着力。在式$F_φ = G_φ$中，G为附着重力，即汽车总重力分配到驱动轮上的部分，它形成对地面的法向压力；$Φ$为附着系数，其数值随轮胎和路面性质的不同而异，一般由试验决定。

1.4.2　燃油与燃气汽车

发动机通过燃烧燃料（汽油、柴油、CNG、LPG、LNG、甲醇等），将化学能转变为机械能，活塞（往复运动）或转子带动曲轴旋转运动，变速器根据车速的需要调节转速，经传动轴转递到驱动桥的差速器与减速器，再经半轴输出至车轮，驱动车辆前进或后退（图1-14）。

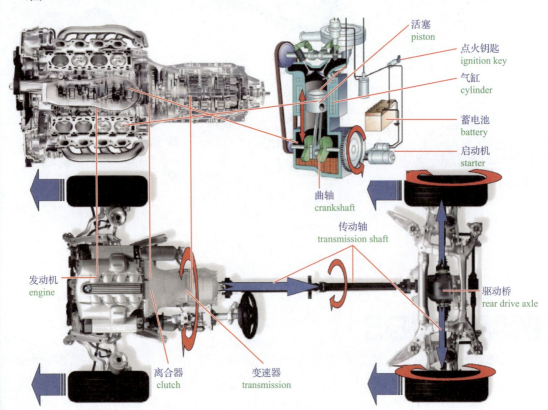

图1-14　汽车动力传递路径

1.4.3 纯电动汽车

纯电动汽车以电动机代替燃油机,以电池代替油箱,由电机驱动,无需变速器。电动汽车和燃油汽车的主要区别在于电动汽车有动力电池、车载充电机、电驱系统、车辆控制器这些电动化部件。能量流路径为:高压电池→动力电子单元→驱动电机→动力传动系统→驱动汽车行驶。纯电动汽车能量流与结构如图1-15所示。

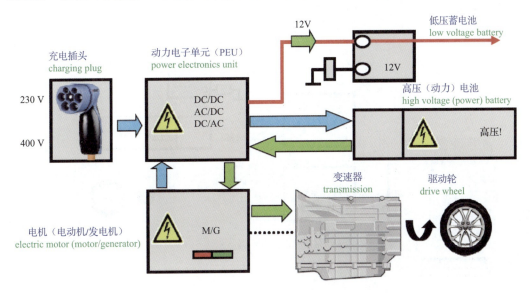

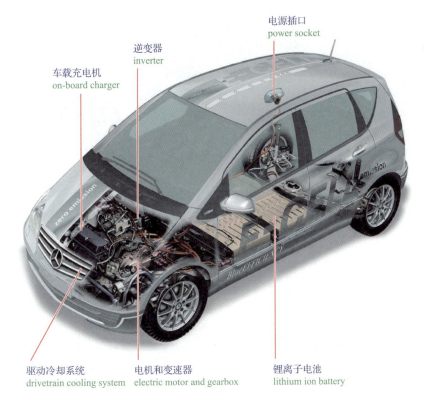

图1-15 纯电动汽车能量流与结构

1.4.4 混合动力汽车

1.4.4.1 油电混合动力汽车

油电混合动力按混合程序可分为全混（可以纯电动行驶）、轻混（有"助推"功能）、微混（有"自动启停"功能）。油电混合动力汽车就是在燃油汽车的基础上增加了一套电动系统，以达到节省燃油、减少碳排放的功效。油电混合动力汽车能量流与结构如图1-16所示。

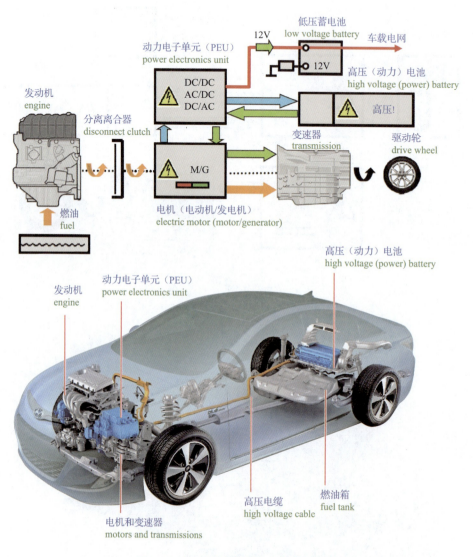

图1-16 油电混合动力汽车能量流与结构

1.4.4.2 插电混合动力汽车

插电混合动力汽车可以视为燃油汽车与纯电动汽车的复合体，综合了纯电动汽车和混合动力汽车的优点，既可实现纯电动、零排放行驶，又可通过混合动力模式增加车辆的续驶里程。它既有传统汽车的发动机、变速器、传动系统、油路、油箱，又有纯电动汽车的高压电池、驱动电机、控制电路，而且电池容量比较大，有充电接口；既可以通过发动机充电，又可以通过车载充电机连接市电供电系统充电。

插电混合动力汽车结构如图 1-17 所示。

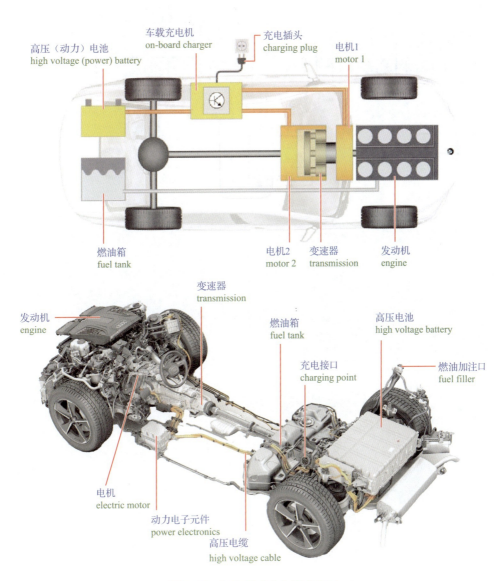

图1-17 插电混合动力汽车结构

1.4.4.3 增程式混合动力汽车

增程式混合动力汽车的发动机并不直接驱动车轮，而是通过发动机工作为电池充电，再提供动力使车辆行驶。因此，增程式混合动力本质是串联式混合动力，在电池电量充足时，以纯电动方式驱动车辆行驶，在下坡路段可以滑行（车辆以不消耗能源的方式运动），在车辆制动阶段或超速、减速（反拖）阶段给高压电池充电，即处于能量回收模式；电池电量不足时，发动机借助发电机为高压电池充电。增程式混合动力汽车能量流与结构如图 1-18 所示。

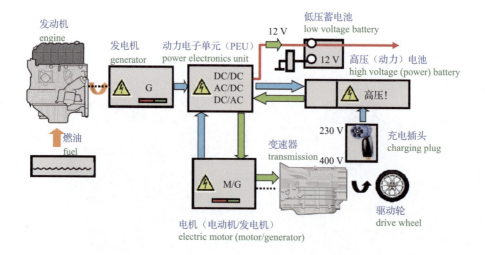

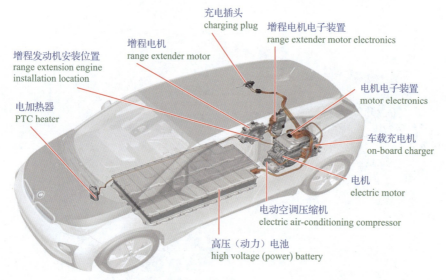

图1-18　增程式混合动力汽车能量流与结构

1.4.5　燃料电池汽车

燃料电池汽车用燃料电池代替蓄电池产生电能,从而给车上的电动机供电,使其运转。在电池的工作室内,燃料中的氢被分离出来,与输入的空气中的氧结合生成水,就产生了电能。有的燃料电池输入的燃料是氢,称为氢燃料电池。车辆以纯电动方式驱动车辆行驶,下坡路段时滑行（车辆以不消耗能源的方式在运动）,通过能量回收在车辆制动阶段或超速、减速（反拖）阶段给高压电池充电,当燃料耗尽时必须添加燃料才可以续航。燃料电池汽车能量流与结构如图1-19所示。

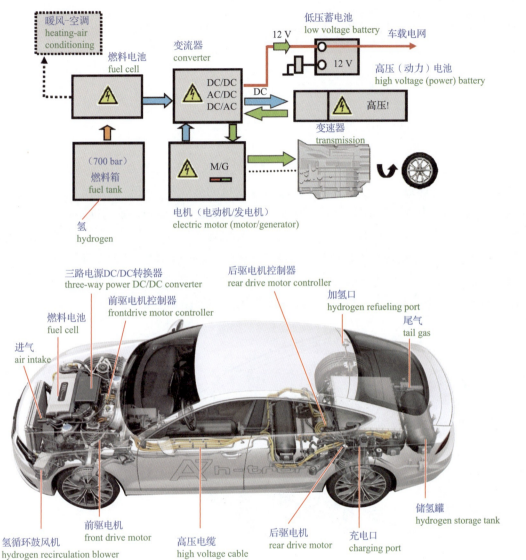

图1-19 燃料电池汽车能量流与结构

第2章 动力系统

第1节 发动机概述

　　发动机犹如汽车的心脏,为汽车行驶提供源源不断的动力。发动机的英文名为"engine",音译过来就是"引擎",这是发动机的另一种称呼。因为现代的车用发动机的动力来自气缸内部燃料燃烧产生的热能,所以根据这一原理,发动机又有"内燃机"的名称。燃料燃烧膨胀做功,推动活塞上下(R/V/W 型)或左右(水平对置型)运动,这种往复运动经曲轴转化为旋转运动,从而经变速器和传动轴,驱动车轮滚动,汽车克服阻力前进或后退。汽车发动机(纵置四驱)如图2-1所示。电动汽车使用电机驱动,所需电能来自高压(动力)电池。电动汽车动力系统如图2-2所示。

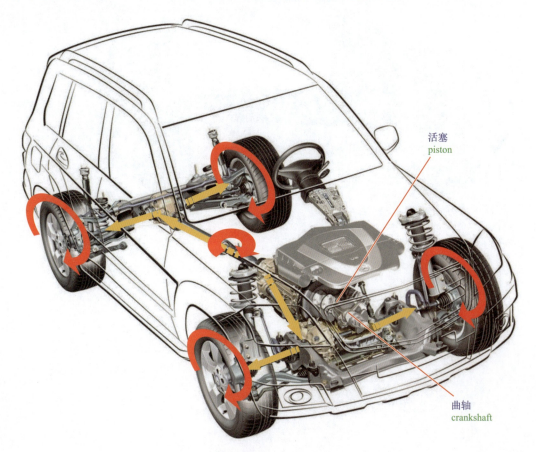

图2-1　汽车发动机(纵置四驱)

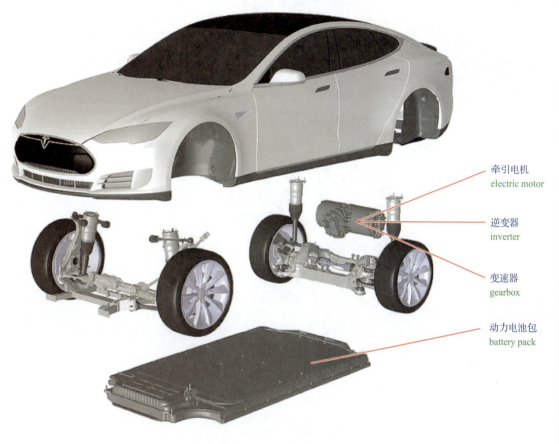

图2-2 电动汽车动力系统

第2节 发动机类型

2.2.1 汽油机

顾名思义,汽油机即汽油发动机,就是以汽油为燃料的发动机。汽油具有黏性小、易蒸发的特性,可以用喷射器喷入汽缸,与新鲜空气混合并压缩,达到一定温度和压力后,用火花塞点燃,使气体膨胀,推动活塞做功。直列发动机剖体如图2-3所示。

V型发动机与W型发动机除气缸体结构更为复杂,配气、点火、供油、润滑、冷却等系统部件更多外,主要的部件结构和功能都差不多。V型发动机剖体如图2-4所示。W型发动机剖体如图2-5所示。

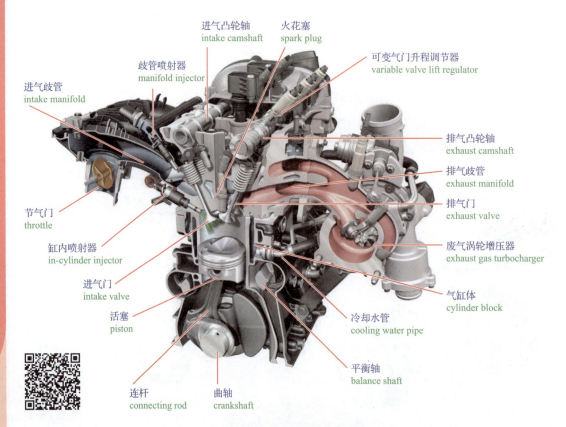

图2-3 直列发动机剖体

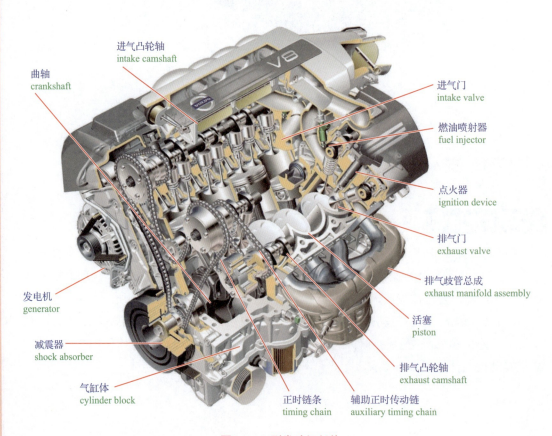

图2-4 V型发动机剖体

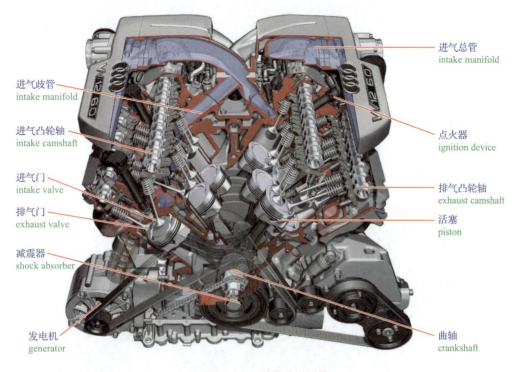

图2-5　W型发动机剖体

2.2.2　柴油机

1892年，德国科学家鲁道夫·迪塞尔发明柴油机，即柴油发动机，因此有人将柴油机称为迪塞尔发动机。与汽油机不同的是，柴油在柴油机里被高压喷射进气缸后，与高度压缩的新鲜空气混合后，直接自燃，无须点火。直列柴油机剖体如图2-6所示。V型六缸柴油机剖体如图2-7所示。

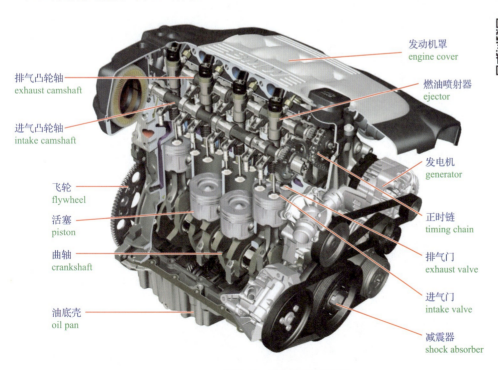

图2-6　直列柴油机剖体

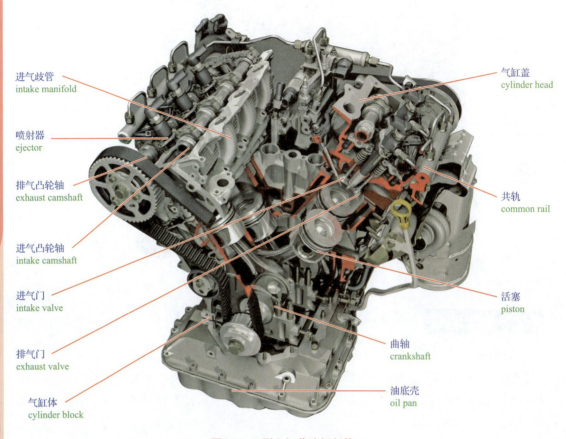

图2-7　V型六缸柴油机剖体

2.2.3　转子发动机

转子发动机是由德国人菲力斯·汪克尔发明的。转子发动机直接将可燃气燃烧形成的压力转化为驱动扭矩。汽油燃烧产生的膨胀压力作用在转子的侧面，从而将三角形转子的三个面之一推向偏心轴的中心，在向心力和切向力的作用下，转子在气缸内围绕偏心轴做行星旋转运动。转子发动机结构如图2-8所示。

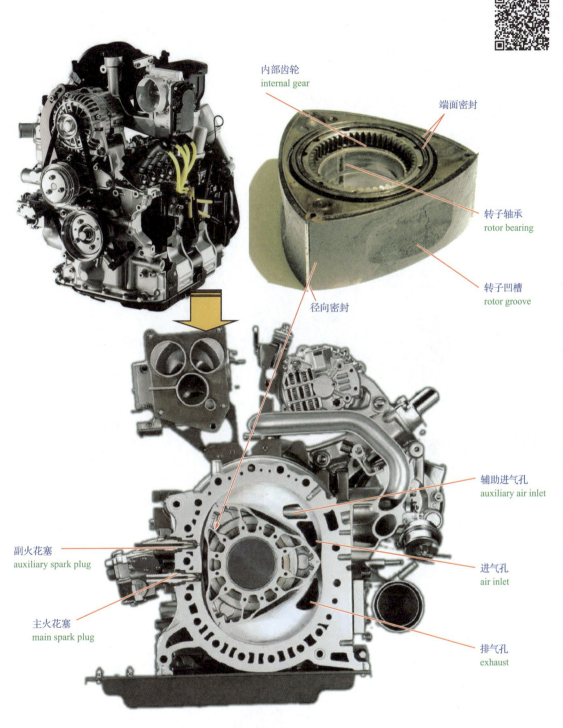

图2-8 转子发动机结构

第3节　发动机组成

发动机由曲柄连杆和配气两大机构，以及燃料、冷却、润滑、启动、点火五大系统组成。发动机系统组成与部件构造如图2-9所示。

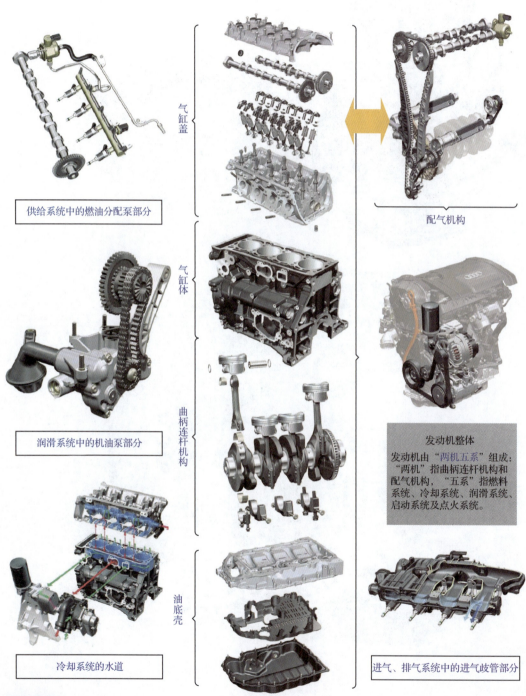

图2-9　发动机组成与部件构造

2.3.1 曲柄连杆机构

曲柄连杆机构由机体组、活塞连杆组与曲轴飞轮组组成,是发动机实现工作循环、完成能量转换的主要机件,如图 2-10 所示。

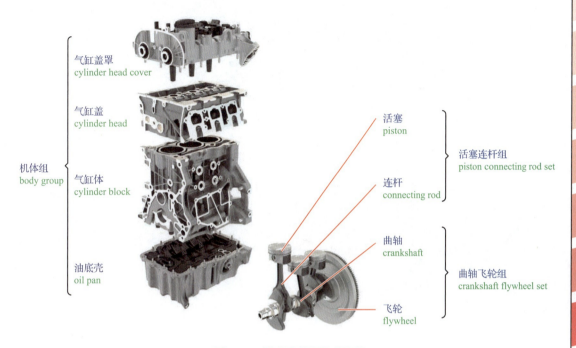

图2-10　发动机曲柄连杆机构

2.3.2 配气机构

配气机构由气门组与传动组组成,它的主要作用是根据发动机的工作顺序,定时开启和关闭进气门、排气门,使新鲜空气或可燃混合气体进入气缸,并将燃烧产生的废气排出气缸,实现发动机换气过程。发动机配气机构如图 2-11 所示。

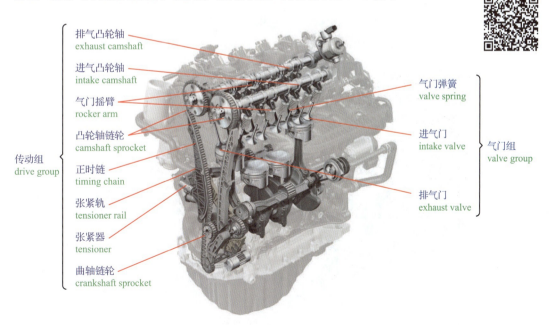

图2-11　发动机配气机构

2.3.3 燃料系统

燃料系统由燃料供给、燃料喷射等部件组成，其作用是根据发动机的要求，配制出一定数量和浓度的混合气体（歧管喷射），或者直接把燃料喷射到气缸中（缸内直喷），使燃料与压缩空气混合并燃烧。发动机燃料系统如图2-12所示。

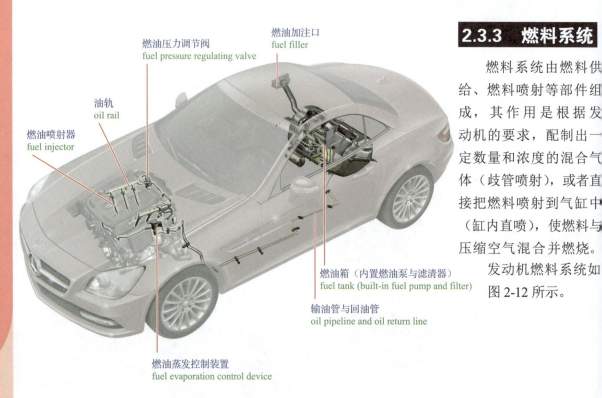

图2-12　发动机燃料系统

2.3.4 冷却系统

发动机散热方式可分为风冷（如摩托车用发动机）和水冷（常见的汽车发动机）。水冷系统通过冷却液循环回路，将受热部件吸收的部分热量及时散发出去，为发动机工作在适宜的温度状态提供保证。发动机冷却系统如图2-13所示。

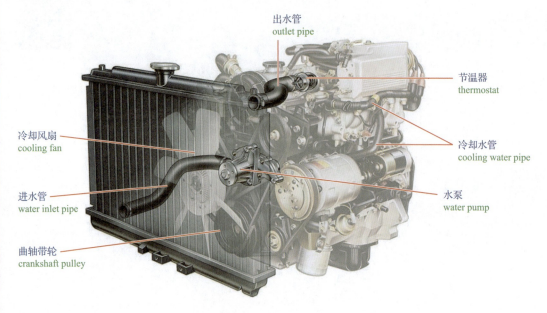

图2-13　发动机冷却系统

2.3.5 润滑系统

润滑系统由机油滤清器、机油泵、机油压力传感器、机油液位传感器（部分发动机配备）等组成，其主要作用是向运动的零件表面输送定量的清洁润滑油，减少摩擦阻力，减轻机件磨损，并对零件表面进行清洗和冷却。发动机润滑系统如图2-14所示。

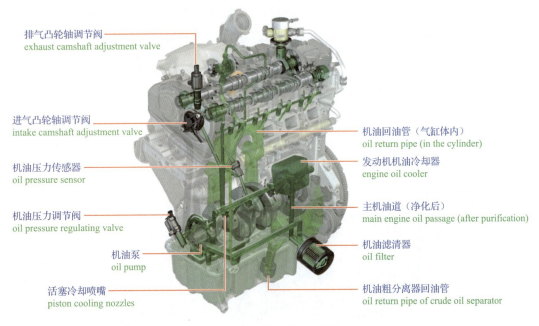

图2-14 发动机润滑系统

2.3.6 启动系统

启动系统由蓄电池、点火开关、启动机（有的48V轻混系统车型发电机也兼做启动机）等部件组成。它的主要作用是由启动机将蓄电池的电能转换为机械能，启动发动机运转。发动机启动系统如图2-15所示。

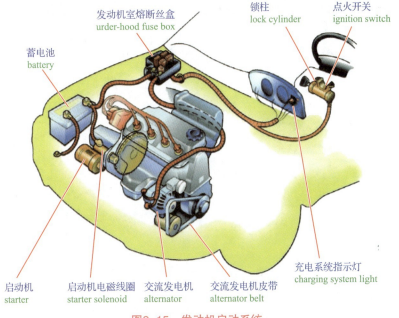

图2-15 发动机启动系统

2.3.7 点火系统

汽油机的混合气体由电火花点燃燃烧，因此在气缸盖上安装有火花塞，火花塞的头部探入燃烧室内。传统汽油机点火系统一般由蓄电池、分电器（直接点火系统无此部件）、点火线圈和火花塞等部件组成。现在的汽油机一般采用直接点火（无分电器）系统，采用分缸点火线圈连接火花塞，各个点火线圈直接由发动机控制单元控制。发动机点火系统如图 2-16 所示。

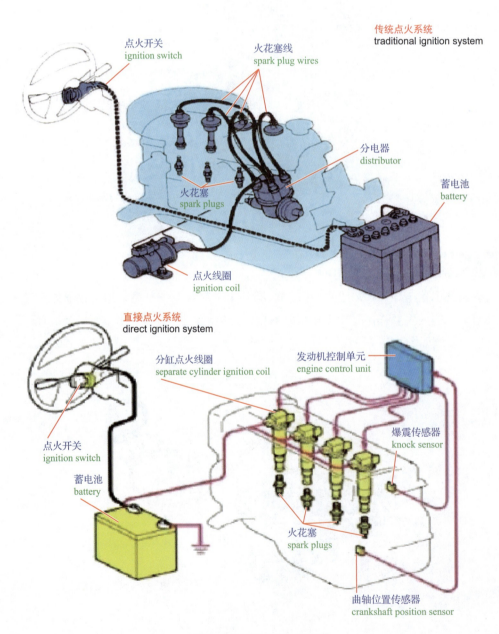

图2-16　发动机点火系统

第4节　发动机原理

2.4.1　四冲程汽油机

1876 年，德国工程师尼古拉斯·奥托制作出了由进气、压缩、做功、排气四个行程组成的四冲程发动机。这种发动机的原理被称为"奥托循环"。四冲程汽油机工作原理如图 2-17 所示。

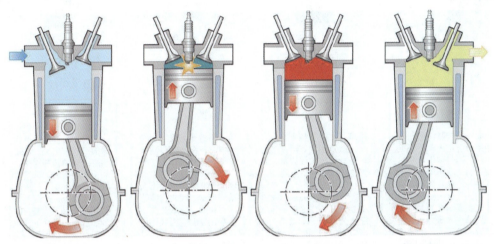

| 进气行程 | 压缩行程 | 做功行程 | 排气行程 |

发动机进气门开启，排气门关闭，活塞从上止点向下止点移动，活塞上方的容积增加，从而气缸内的压力降低到大气压力以下，即在气缸内产生真空吸力。这样，可燃混合气体（歧管燃油喷射）或新鲜空气（缸内燃油直喷）便经进气歧管和进气门被吸入气缸。

为使吸入气缸的可燃混合气体能够迅速燃烧，必须在燃烧前将其压缩。在压缩行程中，进气门、排气门全部关闭，曲轴推动活塞从下止点向上止点移动，把可燃混合气体压至燃烧室。

压缩行程终了时，进气门、排气门仍然关闭，喷油器向气缸内喷射燃油（直喷型发动机），同时火花塞发出电火花点燃混合气体，迫使活塞迅速下行，经连杆推动曲轴旋转而做功。

可燃混合气体燃烧后生成的废气必须从气缸中排出，以便进行下一个进气行程。当做功行程终了时，排气门开启，依靠废气的压力自由排气，活塞到达下止点后向上移动时，继续将废气强制排出。

图2-17　四冲程汽油机工作原理

2.4.2　四冲程柴油机

柴油机的工作过程是由进气、压缩、做功和排气四个行程组成的，四个行程构成了一个工作循环。活塞走完四个行程才能完成一个工作循环的柴油机称为四冲程柴油机。柴油机采用压缩自燃方式着火，没有火花塞。现代柴油机普遍都有用于助燃的预热塞，其作用与火花塞类似。四冲程柴油机工作原理如图 2-18 所示。

2.4.3　二冲程汽油机

二冲程汽油机一般应用于摩托车，现代汽车使用的都是四冲程发动机。在二冲程汽油机的气缸体上有三个通道，即进气道、排气道与换气孔，这三个通道在一定时刻由活塞打开或关闭。二冲程汽油机工作原理如图2-19所示。

进气行程

当曲轴旋转时，连杆使活塞由上止点向下止点移动，同时利用与曲轴相连的传动机构使进气阀打开。随着活塞向下运动，气缸内活塞上面的容积逐渐增加，使气缸内的空气压力低于进气管内的压力，因此外面空气就不断进入气缸。

压缩行程

压缩时，活塞从下止点向上止点运动。活塞上行，进气阀关闭以后，气缸内的空气受到压缩。随着容积不断变小，空气的压力和温度不断升高，柴油机的压缩比为15～23（约为汽车发动机的2～3倍），燃烧室温度可达到500～800℃。

做功行程

当活塞将要完成向上的行程时，喷油嘴将高压燃油喷进高压和高温的空气中，高温使燃油自燃。燃油燃烧时放出大量的热量，因此气体的压力和温度急剧升高，活塞在高温高压气体作用下向下运动，并通过连杆使曲轴转动，对外做功。所以这一行程叫做功或工作行程。

排气行程

排气行程的作用是把膨胀的废气排出去，以便气缸内充填新鲜空气，为下一个循环的进气做准备。当做功行程活塞运动到下止点附近时，排气阀开启，活塞在曲轴和连杆的带动下，由下止点向上止点运动，并把废气排出气缸。

图2-18 四冲程柴油机工作原理

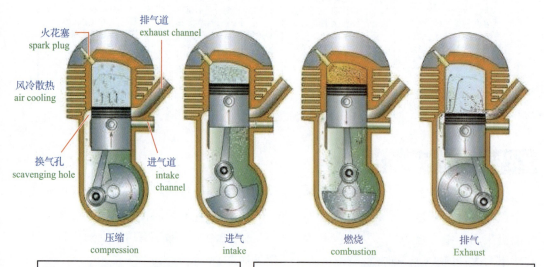

行程一：压缩/进气

活塞向上运动，将三个开孔都关闭，上部空气开始压缩，当活塞继续向上运动一段行程时，活塞下方的进气孔被打开，可燃混合气体由此进入曲轴箱。

行程二：燃烧/排气

在活塞接近上止点时，火花塞点燃混合气体，气体燃烧释放出的热能使气体膨胀做功，推动活塞下行。当活塞持续向下运动时，进气孔被关闭，混合气体受压缩，并从打开的换气孔进入气缸。同时，燃烧产生的废气经排气孔被排出缸体。

图2-19 二冲程汽油机工作原理

2.4.4 转子发动机

在转子发动机中,燃烧产生的压力保存在气缸体和三角形转子(用来代替活塞)构成的密封室中。转子有三个凸面,每个凸面相当于一个活塞。转子的每个凸面都有一个凹陷,用于增加发动机的排气量,容纳更多空气、燃油组成的混合气体。

转子有一组内部轮齿,位于其中一个侧面的中心。它们与固定在气缸体的齿轮啮合。这种啮合决定转子在气缸体内运动的路径和方向。气缸体大致呈椭圆形。气缸体的每一部分都专用于燃烧过程的一部分。燃烧过程的四部分包括进气、压缩、做功和排气。当转子在气缸体内转动时,会推动凸轴旋转;转子每转一周,凸轴会旋转三周。转子发动机工作原理如图 2-20 所示。

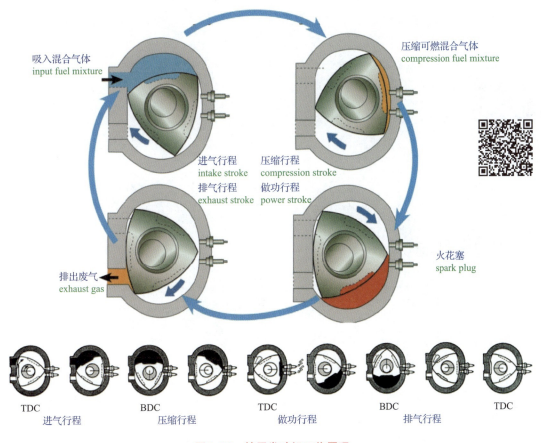

图2-20 转子发动机工作原理

第5节 发动机术语

2.5.1 上止点与下止点

上止点是活塞在气缸内做往复直线运动时向上运动到的最高位置,英文名称为"top dead center",简称"TDC"。

下止点是活塞在气缸内做往复直线运动时向下运动到的最低位置，英文名称为"bottom dead center"，简称"BDC"。

2.5.2　行程与冲程

活塞行程是活塞在两个止点间移动的距离，即上下止点间的距离。冲程与行程是一个概念，都是指活塞上下移动的最大距离。如果要说区别，下行的距离称为行程，上行的距离称为冲程。冲程与行程的英文表示都是"stroke"。

2.5.3　容积与排量

燃烧室容积是活塞处于上止点时，其顶部与气缸盖之间的容积。

气缸总容积是活塞处于下止点时，其顶部与气缸盖之间的容积，是燃烧室与气缸工作容积之和。

气缸工作容积是气缸总容积与燃烧室容积之差，即活塞在上下止点间运动经过处的容积。

发动机基本概念示意图如图2-21所示。

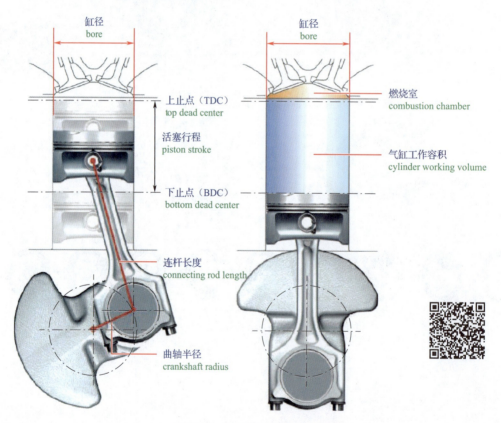

图2-21　发动机基本概念示意图

发动机排量是多缸发动机各缸工作容积的总和，如图2-22所示。

2.5.4　压缩比与空燃比

压缩比就是发动机混合气体被压缩的程度，用压缩前的气缸总容积与压缩后的气缸容积（即燃烧室容积）之比表示，如图2-23所示。压缩比与发动机性能有很大关系，通常低压缩比指的是压缩比值在10以下，高压缩比指的是压缩比值在10以上。相对来说，压缩比越高，发动机的动力就越大。

四缸发动机各缸工作容积为500毫升

发动机工作排量为2升

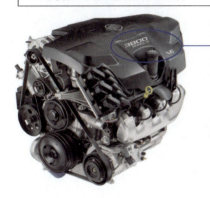

别克V6 3.8升发动机

奥迪V8 4.2升发动机

图2-22　发动机排量示意图

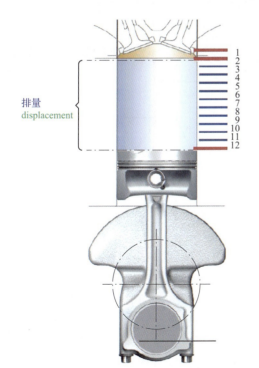

$$压缩比 = \frac{燃烧室容积 + 排量}{燃烧室容积}$$

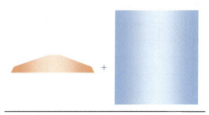

压缩比 =

$$压缩比 = \frac{12}{1} \quad \Rightarrow \quad 12:1$$

图2-23　压缩比示意图

空燃比表示空气质量和燃料质量的混合比，如图2-24所示。理想的空燃比称为理论空燃比，为14.7∶1，实际空燃比与理论空燃比的比值被定义为过量空气系数，用符号λ表示。

图2-24 空燃比示意图

2.5.5 功率和扭矩

功率指的是发动机在单位时间所做的功，是表示汽车行驶快慢的指标。通俗地说，发动机功率越大，表示汽车行驶的速度越快。发动机功率单位为千瓦（kW）/转速（rpm）。

扭矩指发动机曲轴端发出的力矩，是汽车加速能力体现的指标。通俗地说，扭矩越大，汽车的瞬间加速能力越强。发动机扭矩的表示单位为牛·米（N·m）/转速（rpm）。

传统自然吸气发动机，功率与转速几乎成正比关系，电动机的动力输出特性与发动机完全不同，其具有基速转速。在基速转速之前具有恒扭矩特性（扭矩不变），基速转速之后有恒功率特性（功率不变）。功率 = 转速 × 扭矩，当功率保持恒定后，转速越高，扭矩越小。动力装置的功率和扭矩常用特性曲线图表示，发动机与电动机的功率及扭矩特性曲线如图2-25所示。

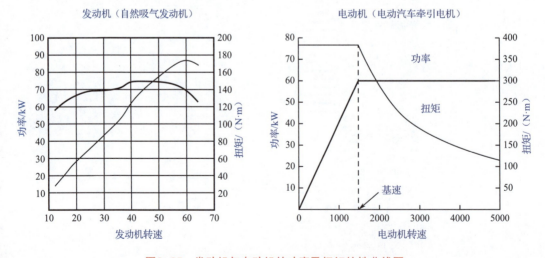

图2-25 发动机与电动机的功率及扭矩特性曲线图

注：功率常用马力作为单位，马力（hp）≈ 0.735 kW。

第6节 曲柄连杆机构

2.6.1 发动机机体组

发动机机体主要由气缸体、气缸盖、气缸盖罩、密封垫、主轴承盖及油底壳等组成。机体组是发动机的支架,是曲柄连杆机构、配气机构和发动机各系统主要零部件的装配基体。气缸盖用来封闭气缸顶部,并与活塞顶和气缸壁一起形成燃烧室。另外,气缸盖和气缸体内的水套和油道及油底壳分别是冷却系统和润滑系统的组成部分。发动机机体组配件如图2-26所示。

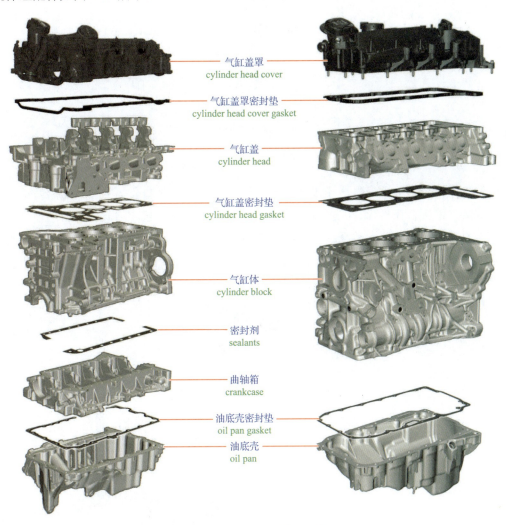

图2-26 发动机机体组配件

2.6.2 发动机活塞连杆组

发动机活塞连杆组主要由活塞、活塞环、活塞销、连杆及连杆轴瓦等组成,如图2-27所示(柴油机)。该组件将活塞的往复运动转变为曲轴的旋转运动,同时将作用于活塞上的力转变为曲轴对外输出的扭矩，以驱动汽车车轮转动。它是发动机的传动件，把气体燃烧形成的压力传给曲轴，使曲轴旋转并输出动力。

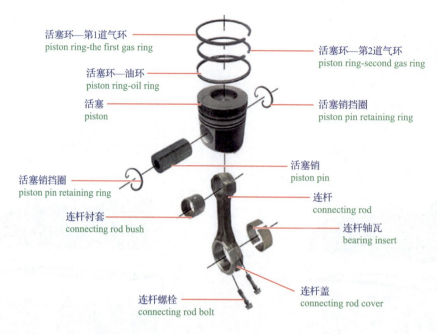

图2-27　活塞连杆组件（柴油机）

无连杆衬套的轴承最早应用于轿车发动机，这是德国奥迪公司的专利。活塞销在连杆内直接与钢接合在一起，在活塞内直接与铝合金接合在一起。因此，活塞销使用了一种专用的表面涂层，称为类金刚石薄膜（diamond-like carbon，DLC）涂层。无连杆衬套的活塞连杆组件（汽油机）如图 2-28 所示。

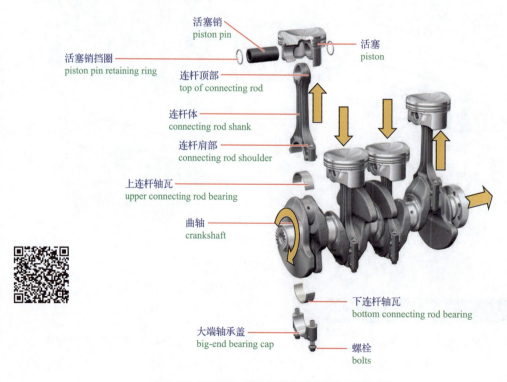

图2-28　无连杆衬套的活塞连杆组件（汽油机）

2.6.3 曲轴飞轮组

曲轴飞轮组主要由曲轴、飞轮及其他不同作用的零件和附件组成,如图2-29所示。其零件和附件的种类和数量取决于发动机的结构和性能要求。曲轴飞轮组的作用是:把活塞的往复运动转变为曲轴的旋转运动,为汽车行驶和其他需要动力的机构(如配气机构、机油泵、水泵、风扇、发电机、空调压缩机等)输出扭矩。同时,曲轴飞轮组还储存能量,用以克服非做功行程的阻力,使发动机运转平稳。

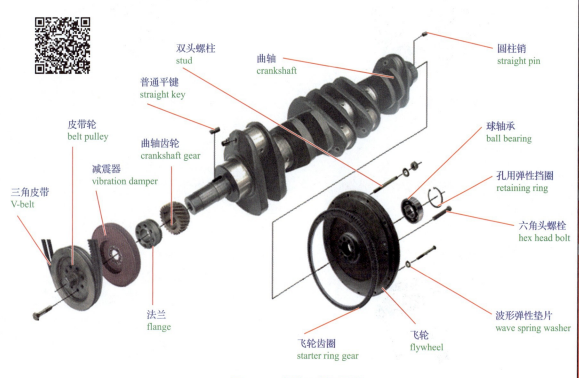

图2-29 曲轴飞轮组配件

2.6.4 平衡轴组件

发动机在工作时,其上作用着各种力和力矩。这些力和力矩使发动机震动,因此决定发动机工作平稳性和部件负荷状况。如果因发动机悬置没有形成良好的支撑而导致震动被传到车身上,那么行驶舒适性将大受影响。发动机工作时产生的力分为一阶力和二阶力:一阶力是惯性力,是由转动部件的离心力产生的,曲轴可以通过安装平衡配重和曲拐来抵消这种力;而二阶力需要采取专门的措施来抵消。二阶力是由于曲柄连杆机构部件平移产生的,其应对措施就是使用平衡轴。平衡轴一般通过齿轮或者链条由曲轴直接驱动。平衡轴的转速是曲轴转速的两倍,一根平衡轴与曲轴转动方向相同,另一根平衡轴通过一个中间齿轮按与曲轴转动方向相反的方向转动。平衡轴结构如图2-30所示。

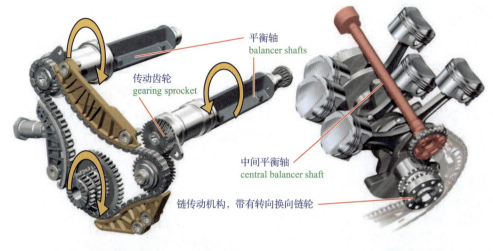

利用两根平衡轴来抵消震动　　　　利用一根中间平衡轴来抵消震动

图2-30　平衡轴结构

第7节　配气机构

2.7.1　气门组

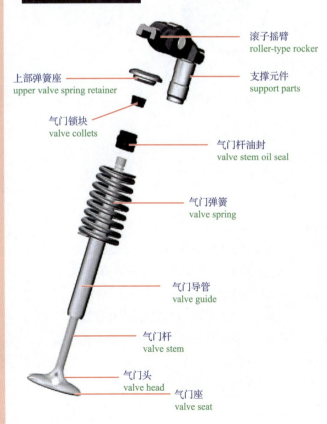

图2-31　气门组部件

气门组包括气门头、气门导管、气门座及气门弹簧等部件，如图2-31所示。有的进气门还设有气门旋转机构，气门组应保证气门对汽缸的密封性。

气门承受的负荷是非常大的。气门工作时，除承受机械负荷外，还要承受热负荷和摩擦。因此，气门的结构和材质都是有相应要求的。例如，有些气门是充钠的，以便更好地导热。排气门承受的热负荷明显大于进气门，因为排气门几乎不会接触较凉的气体。排气门温度最高可达700℃，主要是通过气门座来散热。

气门与气门导管和气门弹簧共同构成一个总成。气门组部件安装位置及结构如图2-32所示。一个气门分为气门头、气门座和气门杆三部分。气门座与气门座圈共同构成一个功能单元。

气门主要分为三种类型：单一金属气门、双金属气门和空心气门。单一金属气门由一种材料制成，通过锻造方式制成所需形状。双金属气门的气门杆和气门头单独制造，最后通过摩擦焊接方式结合在一起。空心气门用于排气门侧，以便降低内圆角和气门面附近的温度，为此采用空腔结构。为了传导热量，气门杆空腔大约60%的部分填充一种可在97.5℃时熔化的材料（钠）。这种材料可根据发动机转速在气门空腔内产生震动。内圆角和气门头处产生的部分热量通过液态材料传至气门导管，进入冷却循环回路，从而显著降低气门温度。

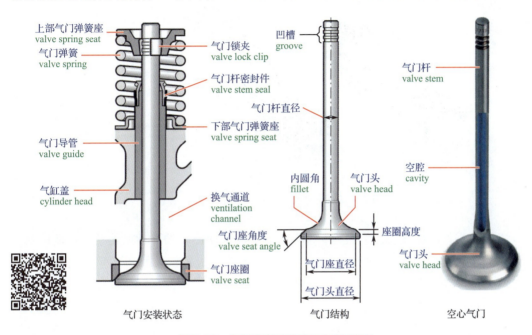

图2-32　气门组部件安装位置及结构

2.7.2　传动组

摇臂、压杆或挺杆负责将凸轮运动传给气门，因此这些部件也称作传动元件。传动元件沿凸轮轮廓移动，直接或间接（以一定传动比）传递运动。带压杆的气门传动机构如图2-33所示。

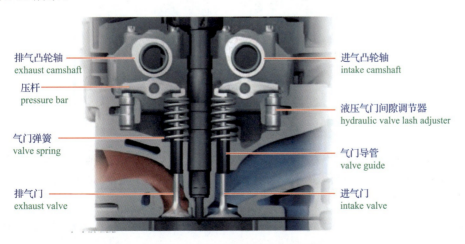

图2-33　带压杆的气门传动机构

摇臂是一种间接驱动的气门机构。摇臂支撑在轴的中部。凸轮轴位于摇臂下方一端。摇臂另一侧对发动机进气门或排气门进行操控。现代发动机很少使用摇臂。

压杆也是采用间接传动方式的气门机构部件,但它不支撑在轴上,一端直接支撑在气缸盖或一个液压气门间隙调节器(hydraulic valve lash adjuster,HVA)元件上,另一端靠在气门上。凸轮轴的凸轮从上面压向压杆中部。现在使用的压杆几乎都是滚子式气门摇臂,如图2-34所示。

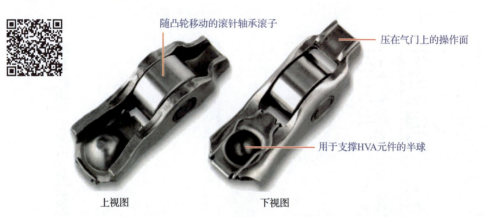

图2-34 滚子式气门摇臂

挺杆是进气门和排气门的直接传动装置,它不改变凸轮的运动或传动比。挺杆用于传递直线运动,其导向部件位于气缸盖内。气门机构带有挺杆和液压气门间隙补偿装置时,液压气门间隙调节器是挺杆的一个组成部分。现在使用最多的是桶状挺杆,带有桶状挺杆的气门机构如图2-35所示。

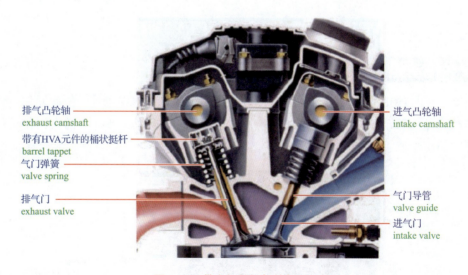

图2-35 带有桶状挺杆的气门机构

凸轮轴的位置有下置、中置和顶置三种。下置配气机构的凸轮轴位于曲轴箱内,中置配气机构的凸轮轴位于机体上部,顶置配气机构的凸轮轴位于气缸盖。现在大多数量产车的发动机配备的是顶置凸轮轴。

顶置凸轮轴(overhead camshaft,OHC)是一种流行的汽车发动机气门机构。按照配气结构内包含的凸轮轴数目,顶置凸轮轴可分为单顶置凸轮轴(single overhead camshaft,SOHC)和双顶置凸轮轴(double overhead camshafts,DOHC)。顶置凸轮轴如图 2-36 所示。单顶置凸轮轴是一种在气缸盖内只设置一支凸轮轴的设计。双顶置凸轮轴又称"double overhead cam",简称"双凸轮轴"(twin cam),是一种在气缸盖内配备两支凸轮轴的气门排列形式,两支凸轮轴分别控制进气门和排气门。

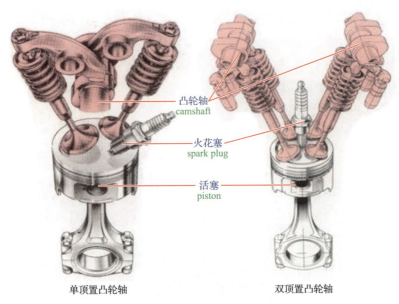

图2-36 顶置凸轮轴

凸轮轴控制换气过程和燃烧过程,其主要任务是开启和关闭进气门和排气门。凸轮轴由曲轴驱动,其转速与曲轴转速之比为 1∶2,即凸轮轴转速只有曲轴转速的一半,这可以通过链轮传动比实现。

开启气门时,凸轮作用力通过一个或多个操纵元件传至气门上(靠在凸轮上的元件称为凸轮随动件),克服气门弹簧的力开启气门。弹簧作用力使气门关闭,并在气门座区域使气门保持关闭状态。

凸轮轴的主要部分是圆柱形轴身,空心或实心,轴身上带有凸轮。凸轮轴工作作用力由凸轮轴轴承承受。凸轮轴也可带有用作凸轮轴传感器轮参考基准的轮齿。凸轮轴结构如图 2-37 所示。

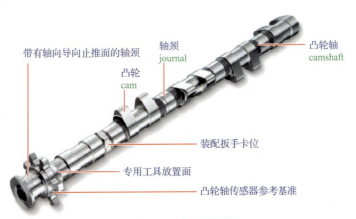

图2-37 凸轮轴结构

2.7.3 气门正时与气门间隙

曲轴位置用相对于两个基准点的角度值表示,也称为曲轴转角。两个基准点是活塞上止点和下止点。曲轴转角用上止点或下止点前后多少度表示,即活塞到达止点前或到达止点后的曲轴角度。

每一个冲程进行,曲轴旋转180°,活塞由一个止点移动到另一个止点。因此,四冲程发动机完成整个循环时曲轴旋转720°,即转动两圈。

吸入新鲜空气或混合气体和排出废气,称为换气。进气门和排气门控制换气。气门的开启和关闭时刻取决于曲轴转角。这些时刻又称为正时时间,因为通过它们控制发动机的换气。

活塞将开始向下移动前进气门打开,活塞重新开始向上移动后进气门关闭。排气门的运行方式相似,活塞开始向上移动前排气门打开,活塞重新开始向下移动后排气门关闭。图2-38所示的汽油机配气相位图显示了发动机的正时时间。

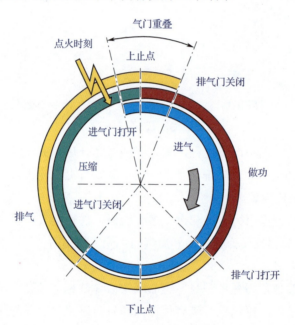

图2-38 汽油机配气相位图

在整个四冲程过程中,曲轴完整旋转两圈,因此各经过上止点和下止点两次。但是,曲轴两次经过上止点时的情况不同,因此需要另外一个在循环过程中仅出现一次的基准点,为此采用所谓的点火上止点。它是开始燃烧时的上止点。

燃烧室充气指的是进气行程中,新鲜气体(汽油与空气混合气体或空气)进入气缸。燃烧室充气量越大,发动机输出功率就越高。进气门开启时间超过曲轴转动180°的时间,可提高燃烧室充气效率和发动机功率。进气门在活塞到达上止点前打开并在活塞到达下止点后关闭。如图2-39所示,进气门和排气门同时打开的这种状态称为气门重叠。此外,还能通过减少新鲜空气进入阻力和降低燃烧室温度,提高充气效率。

在排气行程,排气门在活塞到达上止点前打开,这样有助于排出废气并减轻曲轴传动机构的负荷。提前打开排气门，可使燃烧室内的压力降至环境压力，反正此时的压力也不足以继续做有效功。反之，排气过程更加轻松，因为发动机无须克服高压做功。此外，还能进一步降低燃烧室内的温度，有利于下一个充气过程。

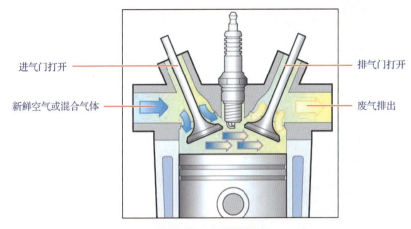

图2-39 气门重叠

气门间隙是为保证发动机配气机构的正常工作而设置的。配气机构工作时处于高速状态，温度较高，气门挺杆、气门杆等零件受热后伸长，便会自动顶开气门，使气门与气门座关闭不严，造成漏气现象。为避免这种现象发生，设计配气机构时，需要在进气门和排气门杆尾端与挺杆（或摇臂）上的调整螺钉之间留有一定的间隙，这一间隙就是气门间隙，如图2-40所示。

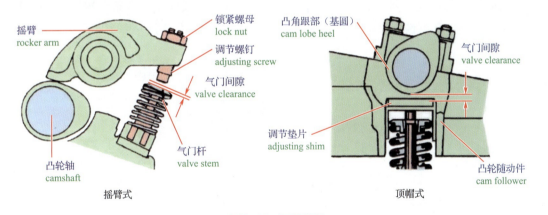

图2-40 气门间隙

2.7.4 正时链与正时带

凸轮轴的主要传动方式就是使用链传动机构。如果需要传递的力较大或者传递力需要横跨的距离较大，就使用链传动机构。链条将曲轴上驱动轮的转动传给凸轮轴上的链轮。液压链条张紧器负责将链条持续张紧，这种链条张紧器对降低链条磨损具有重要作用。

塑料制的导轨（或叫滑槽）用于引导链条并降低工作噪声。根据链条的走向路径，可能需要使用多个链条张紧器。根据发动机和要驱动的辅助系统数目的不同，需要使用的链条机构数量也就不同。用于驱动辅助系统的链条机构，一般用机械式张紧元件张紧。四缸汽油机正时链机构组成部件如图2-41所示。

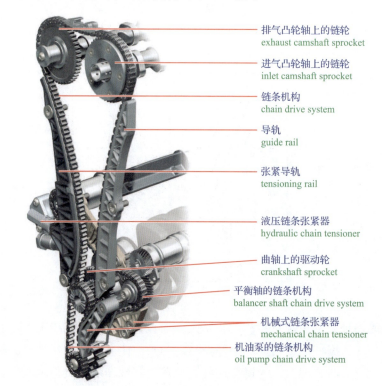

图2-41 四缸汽油机正时链机构组成部件

发动机的复杂程度和要驱动的辅助系统数目不同，需要使用的链条机构数量也就不同。复合式链传动机构主要用于V型和W型发动机，如图2-42所示。

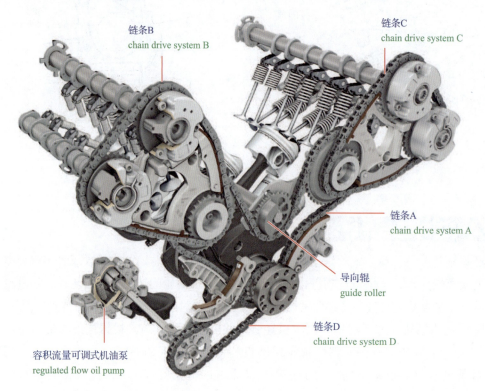

图2-42 复合式链条传动机构

除用钢链驱动凸轮轴以外,还可以使用齿形皮带。齿形皮带机构用塑料皮带将凸轮轴和曲轴连在一起,以便驱动。张紧轮负责给皮带预紧,以便皮带正常工作。齿形皮带机构还驱动其他部件,如水泵。张紧轮和导向轮上有凸缘,可防止齿形皮带脱出。四缸汽油机正时带驱动机构组成部件如图2-43所示。

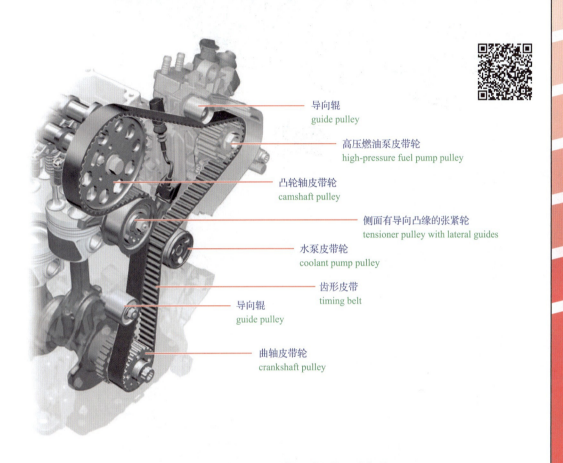

图2-43 四缸汽油机正时带驱动机构组成部件

2.7.5 可变气门正时与升程

2.7.5.1 丰田可变气门正时技术

丰田智能可变气门正时(variable valve timing - intelligent,VVT-i)技术被广泛应用于丰田公司生产的发动机上。当发动机由低速向高速转换时,计算机就自动将机油压向进气凸轮轴,驱动齿轮内的小涡轮。这样,在压力的作用下,小涡轮就相对于齿轮壳旋转一定的角度,从而使凸轮轴在60°的范围内向前或向后旋转,从而改变进气门开启的时间,达到连续调节气门正时的目的。VVT-i控制器部件结构如图2-44所示。调整进气凸轮轴转角,在发动机中低速运转时减少气门叠开的时间,在发动机高速运转时增加气门叠开的时间,使发动机在中低转速时产生足够的扭力,在高转速时又能提供强大的动力,从而改善发动机的工作性能。

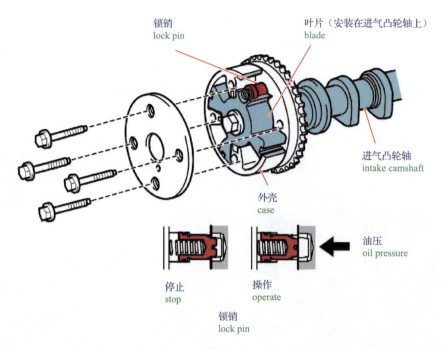

图2-44 VVT-i控制器部件结构

凸轮轴正时机油控制阀内部结构如图2-45所示。

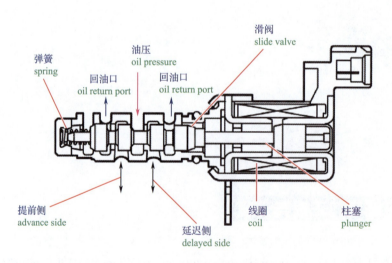

图2-45 凸轮轴正时机油控制阀内部结构

  由发动机ECU控制的凸轮轴正时机油控制阀处于如图2-46所示的状态时,油压作用于气门正时提前侧的叶片室,使进气凸轮轴向气门正时的提前方向旋转。

  由发动机EUC控制的凸轮轴正时机油控制阀处于如图2-47所示的状态时,油压作用于气门正时延迟侧的叶片室,使进气凸轮轴向气门正时的延迟方向旋转。

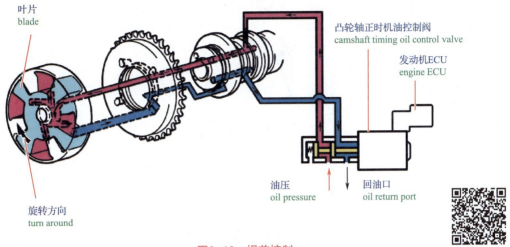

图2-46　提前控制

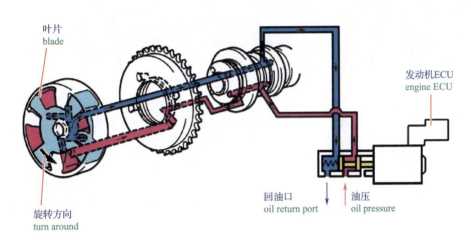

图2-47　延迟控制

2.7.5.2　本田可变气门正时与升程电子控制技术

1989年，本田研发了可变气门正时与升程电子控制系统（variable valve timing and valve lift electronic control system，VTEC），VTEC系统成为世界上第一个同时控制气门正时和升程的可变气门系统。它使用两组不同大小的凸轮，配合气门摇臂上的同步卡销（三段式VTEC），就可以实现对气门升程和正时的调节。本田VTEC系统原理如图2-48所示，两组凸轮对应的是发动机的不同状态，在中、低转速用低角度凸轮，在高转速时，高角度大凸轮用来提高进气量，进气流通面积和开启持续时间大大增加，给发动机输送更多的混合气体，从而实现高转速时的高动力性能。

在发动机高负荷时，节气门全开，吸入大量空气，进气门两侧同时致动，使发动机产生强大的输出动力。发动机高负荷时的工况如图2-49所示。

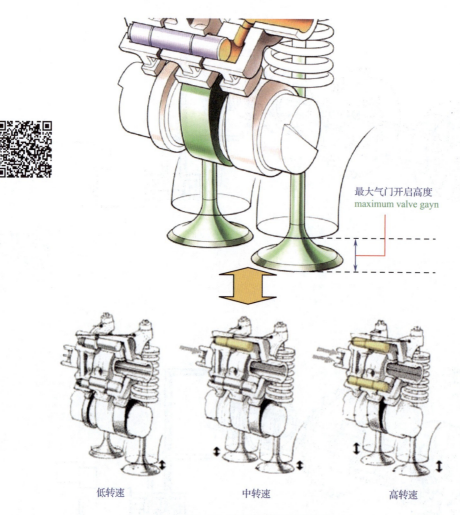

图2-48 本田VTEC系统原理

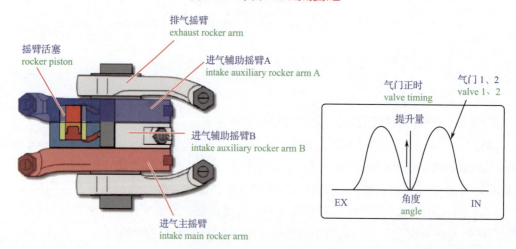

图2-49 发动机高负荷时的工况

当车辆处于巡航行驶等发动机低负荷状态时，单侧的进气门在压缩开始后关闭，使吸入的空气回流至进气歧管，控制进气量。车辆低负荷行驶时可以不通过降低节气门开度控制进气量，可以降低进气、排气损耗，有助于降低油耗。发动机低负荷时的工况如图2-50所示。

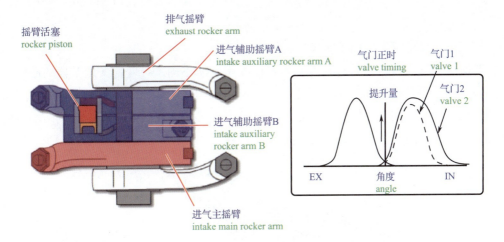

图2-50 发动机低负荷时的工况

可变正时控制（variable timing control，VTC）主要控制进气门的开启和关闭正时，也就是控制进气门打开和关闭的最大提前角和最大延迟角。可以根据发动机不同的负荷状态，连续调节进气门的闭合角度，如图2-51所示，使发动机运转更加顺畅，获得最佳的动力性、经济性和排放综合性能。

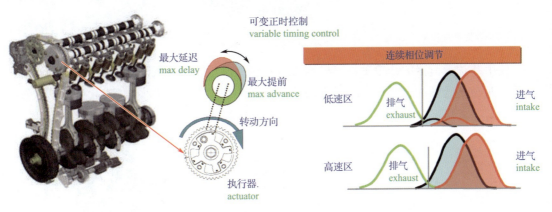

图2-51 根据发动机的负荷状态调节进气门的闭合角度

本田智能可变气门正时及升程控制（intelligent variable valve timing and lift electronic control，i-VTEC）技术将VTEC和VTC技术有效地结合，通过VTEC对气门升程、VTC对气门重叠（进气门和排气门同时开启的状态）进行周密的智能化控制，使大功率、低油耗、低排放这三个具有不同要求的特性都得到提高。本田i-VTEC技术特点如图2-52所示。

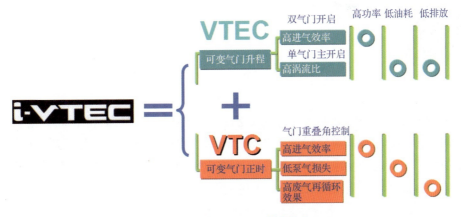

图2-52 本田i-VTEC技术特点

2.7.5.3 奥迪可变气门正时与升程技术

奥迪可变气门正时与升程技术与本田的技术有所不同,可变链条调节器的凸轮轴调节机构只用于调节进气凸轮轴,通过一个液压电磁阀来实现控制。要想从初始位置切换到扭矩位置,就要向下压链条调节器,这就改变了链条的回转点,于是进气凸轮轴就向提前方向调节。链条调节控制机构如图2-53所示。

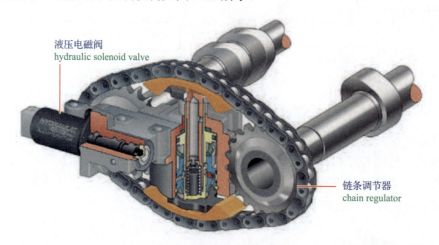

图2-53　链条调节控制机构

使用叶片调节器的凸轮轴调节机构可以对进气凸轮轴、排气凸轮轴分别进行调节。因此,两个凸轮轴的调节角可以是不同的。其调节是通过转子来操控的,这个转子是通过可控制的机油流来转动的。叶片调节器结构如图2-54所示。

图2-54　叶片调节器结构

可逆电机是由容积流量可调的机油泵通过气缸盖内的专用压力管来加载压力机油的。凸轮轴调节由发动机控制单元通过脉冲宽度调制信号控制的二位四通比例阀来实现。可逆电机的转子与凸轮轴是连接在一起的。可逆电机的定子与一个齿轮刚性连接在一起,而该齿轮又与被驱动的凸轮轴上的一个齿轮啮合。叶片调节器工作原理如图2-55所示。

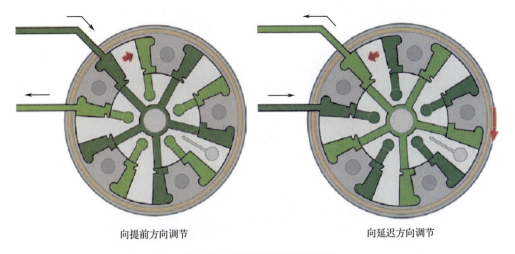

向提前方向调节　　　　　　　　向延迟方向调节

图2-55　叶片调节器工作原理

气门升程系统的本质就是对气门升程实施两级控制，该系统直接在凸轮轴上进行操控，为此使用了所谓的凸轮块（凸轮套筒）。凸轮块直接安装在凸轮轴上，可以轴向移动。每个凸轮块上有两组彼此紧邻的形状不同的凸轮轮廓。这两个凸轮轮廓，一个负责较小的凸轮升程，另一个负责较大的凸轮升程。可变气门升程凸轮轴部件如图2-56所示。改变凸轮块的位置，就可以根据负荷状态来调节气门。有些发动机利用该系统实现气缸关闭功能。

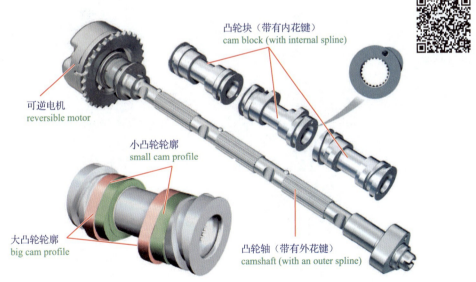

图2-56　可变气门升程凸轮轴部件

凸轮块的轴向移动是通过两个金属销来实现的，这两个金属销垂直于气缸盖内的凸轮轴布置，电磁执行元件使之伸出。可变凸轮轴结构如图2-57所示。两个金属销可以伸入与凸轮块一体的槽内。这两个金属销下降的话，就伸入凸轮块端部的推槽内，这个推槽是螺旋线形的。螺旋线形推槽的作用，就是在凸轮块转动时，使凸轮块发生轴向移动。通过另一个金属销在对面推槽内的运动，可以使凸轮块切换到原来的位置。

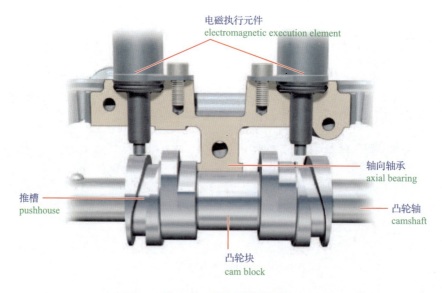

图2-57 可变凸轮轴结构

发动机在较低转速区域使用小凸轮轮廓，这时气门开启行程比较短。发动机在较高转速区域切换为大凸轮轮廓，此时气门开启行程比较长。凸轮轴升程控制如图2-58所示。

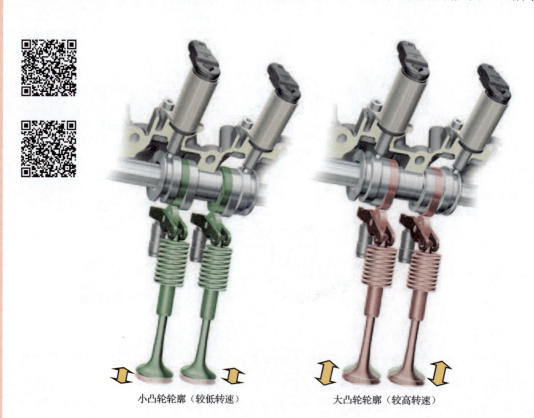

图2-58 凸轮轴升程控制

第8节　燃料系统

2.8.1　概述

汽车的主要燃料是石油制品，如汽油、柴油，以及其他代用燃料。目前汽车上使用的燃料主要是汽油和柴油。

石油又称原油，是一种黏稠的液体，易燃烧，有特殊的气味，颜色非常丰富，有红、金、墨绿、黑、褐红、淡白色等。在日常生活中，到处可见石油制品及其附属品的身影，如汽车上用到的汽油、柴油、石油气、润滑油、制动液及塑料等，都是从石油中提炼出来的。石油提炼的燃料种类如图2-59所示。

石油的主要化学元素是碳和氢，它们组成不同的碳氢化合物，这些碳氢化合物都有不同的沸点，因此随着对石油逐步加热，不同的温度使不同沸点的成分蒸发分离出来。

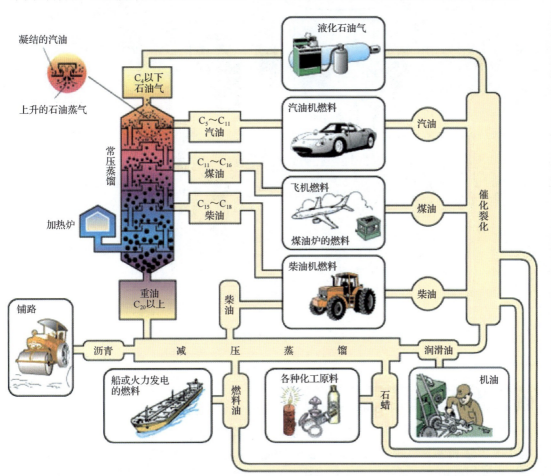

图2-59　石油提炼的燃料种类

2.8.2　汽油机燃料供给系统

汽油机燃油系统由燃油供给系统和燃油混合气体制备装置组成。燃油供给系统负责将燃油从燃油箱输送至发动机，不同车辆的燃油供给系统不同。燃油混合气体制备装置是发动机的组成部分，负责为每次燃烧过程提供准确的燃油量。

燃油供给系统由油箱、油管、燃油泵、燃油滤清器、燃油压力调节器、喷油器、冷启动喷油器、油压脉冲衰减器等部件组成。汽油机燃料供给系统的任务是根据发动机各种不同工况的要求，配制出一定数量和浓度的可燃混合气体，送入气缸，使之在临近压缩结束时点火燃烧而膨胀做功。现在的直喷汽油机是通过高压燃油泵将燃油经喷射器直接喷入气缸。直喷汽油机燃油系统组成部件如图2-60所示。

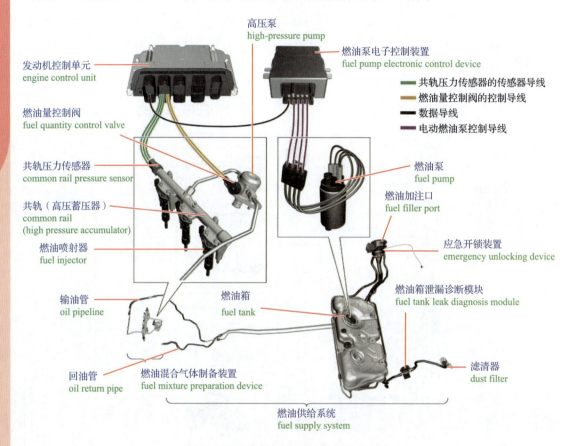

图2-60　直喷汽油机燃油系统组成部件

2.8.3　汽油机缸内直喷系统

缸内直喷就是直接将燃油喷入气缸内与进气混合的技术，燃油喷射器安装位置与结构如图2-61所示。这种系统优点是油耗量低，升功率大，压缩比值高达12，与同排量的一般发动机相比，功率与扭矩都提高了10%。其空燃比达到40∶1（一般汽油机的空燃比是14.7∶1），也就是人们所说的"稀燃"。对于汽车缸内直喷技术（gasoline direct injection，GDI），不同汽车品牌有不同的名称，如奔驰CGI/BlueDIRECT、宝马HPI、奥迪TFSI、大众TSI、通用SIDI、福特EcoBoost、丰田D4、本田EDT、日产DIG、马自达SKYACTIV（创驰蓝天）等。

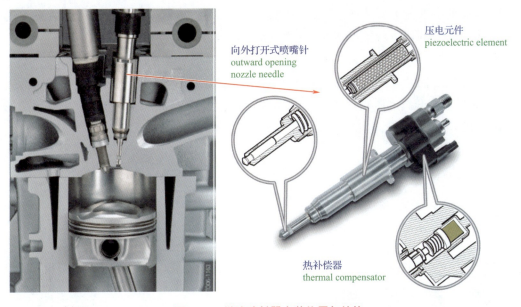

图2-61 燃油喷射器安装位置与结构

缸内燃油喷射系统组成部件如图 2-62 所示。

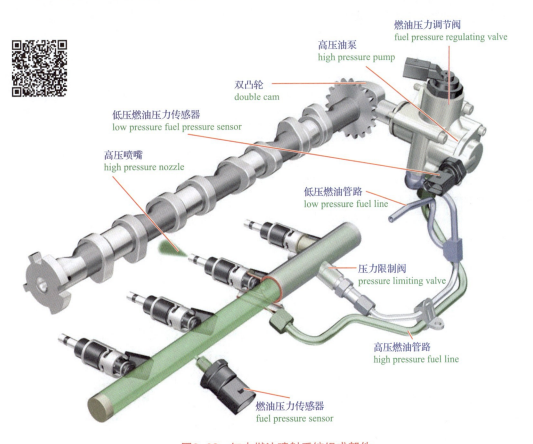

图2-62 缸内燃油喷射系统组成部件

燃油系统由低压系统和高压系统两部分构成。在低压系统中，电动燃油泵将约 6 bar 的燃油经滤清器供应给高压泵。从高压泵来的回油直接进入燃油箱。在高压系统中，单活塞高压泵将 40～110 bar（取决于负荷和转速）的燃油送入燃油分配管，分配管再将燃油分配给四个高压喷射器。过压阀用于保护工作在高压下的部件，它在压力高于 120 bar 时会打开。过压阀打开时，流出的燃油会进入高压泵的供油管内。燃油系统原理如图 2-63 所示。

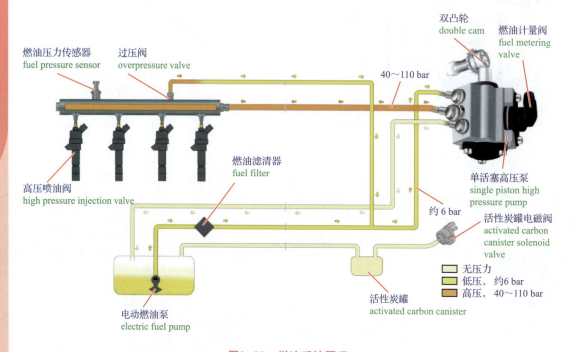

图2-63　燃油系统原理

2.8.4　柴油机燃料供给系统

柴油机燃料供给系统主要由燃油供给装置和燃油喷射装置组成。柴油机燃料供给系统根据发动机不同工况的要求，将一定量的柴油以一定压力和喷油质量定时喷入燃烧室，使其与空气迅速混合并燃烧。

共轨喷射系统是柴油机上使用的一种高压喷射系统，"共轨"的意思是所有喷射器使用共同的高压油轨。在这种喷射系统中，压力的产生和燃油喷射是彼此分开的。一个单独的高压泵产生燃油喷射需要的压力，高压燃油储存在高压储存器（油轨）中，通过很短的喷油管直接供喷射器使用。柴油机燃油喷射系统部件如图 2-64 所示。

喷射器是压电式或者电磁式的。共轨喷射系统由发动机管理系统控制。根据发动机功率和结构形式，最高油轨压力可达 1800～2000 bar，配有相应形状的喷嘴。这个高压是由铝壳的高压泵产生的，该泵有 1 个或 2 个柱塞。共轨喷射系统原理如图 2-65 所示。

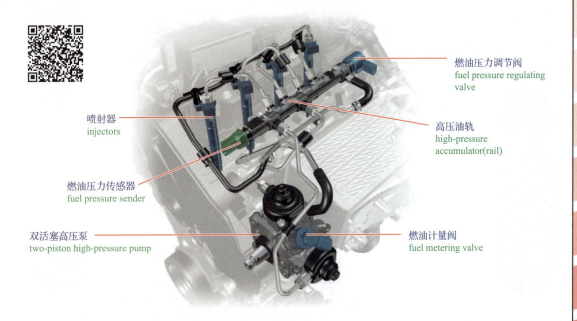

图2-64 柴油机燃油喷射系统部件

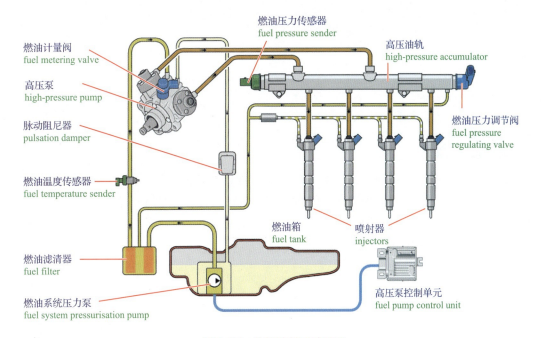

图2-65 共轨喷射系统原理

2.8.5 天然气发动机燃料供给系统

当发动机使用天然气做燃料时，储气罐内 20 MPa 的压缩天然气经管道进入过滤器去除杂质，之后进入减压器，逐步减压到常压左右，进入混合器并与来自空气滤清器的空气混合，一同经进气通道进入气缸燃烧。

在油路中安装一个汽油电磁阀，当发动机使用汽油时，汽油电磁阀打开，汽油通过该阀进入进气口并被吸入汽缸燃烧。天然气发动机工作原理如图 2-66 所示。

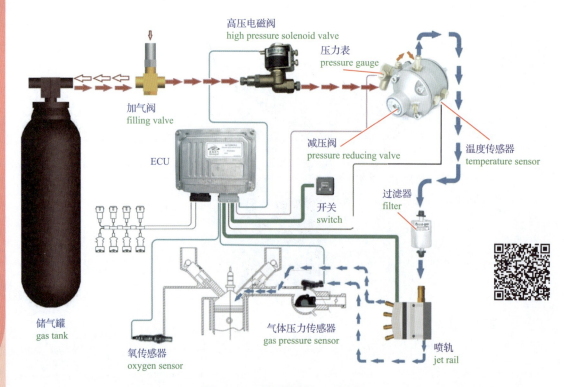

图2-66 天然气发动机工作原理

第9节 进气、排气系统

2.9.1 概述

进气和排气系统通常被视为关联系统。一方面，气体先后以新鲜空气和废气形式经过整个系统；另一方面，某些发动机的系统存在内在联系（如废气涡轮增压器）。进气系统负责为发动机提供新鲜空气，排气系统负责运走燃烧产生的废气。发动机进气、排气系统部件如图2-67、图2-68所示。

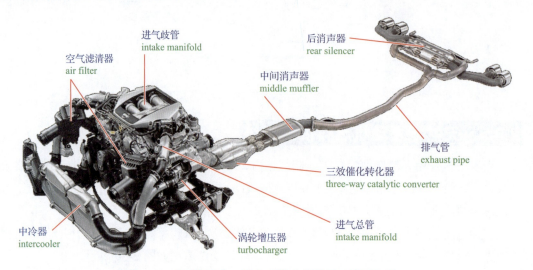

图2-67 发动机进气、排气系统（带增压系统）部件

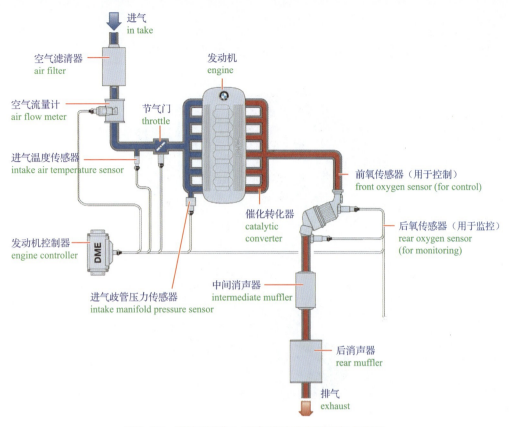

图2-68 发动机进气、排气系统（自然吸气）部件

2.9.2 进气系统

进气系统由空气滤清器、空气流量计、进气压力传感器、节气门体、附加空气阀、怠速控制阀、谐振腔、动力腔、进气歧管等组成。发动机进气系统（自然吸气型）部件如图2-69所示。带有涡轮增压功能的发动机，除增压器外，还将配置增压空气冷却器、增压调节器等部件。

图2-69 发动机进气系统（自然吸气型）部件

横置（涡轮增压型）发动机空气进气系统部件如图 2-70 所示。

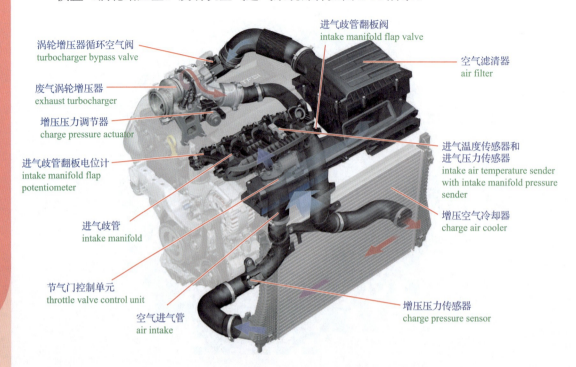

图2-70　横置（涡轮增压型）发动机空气进气系统部件

纵置（涡轮增压型）发动机空气进气系统部件如图 2-71 所示。

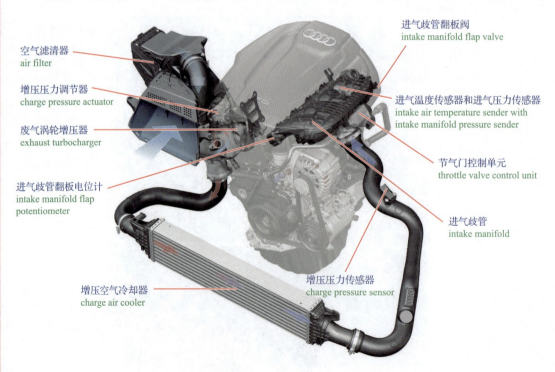

图2-71　纵置（涡轮增压型）发动机空气进气系统部件

2.9.3 可变进气歧管

可变进气歧管在发动机高速和低速时都能提供最佳配气。发动机在低转速时，又长又细的进气歧管可以增加进气的速度和气压强度，并使汽油更好地雾化，燃烧得更好，提高扭矩。发动机在高转速时需要大量混合气体，这时进气歧管就会变得又粗又短，这样才能吸入更多的混合气体，提高输出功率。

一级——低转速区：在发动机停机时，两个切换翻板都是打开的，如图 2-72 所示。如果发动机在怠速运行，那么两个真空单元就被相应的进气歧管切换电磁阀抽成真空了。于是，切换翻板从怠速转速至切换转速时都是关闭的。

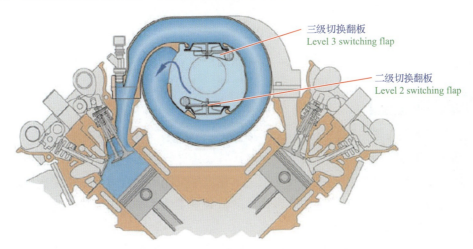

图2-72 低转速区进气控制

二级——中转速区：发动机在中转速区时，进气歧管切换电磁阀将大气压力引入二级切换翻板的真空单元内。于是，二级切换翻板打开了，进气路径就缩短，如图2-73所示。

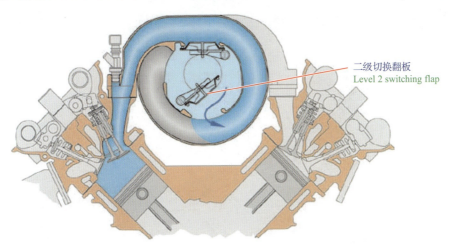

图2-73 中转速区进气控制

三级——高转速区：发动机在高转速区时，三级切换翻板也打开，如图 2-74 所示。这时吸入的空气以最短进气路径进入燃烧室。

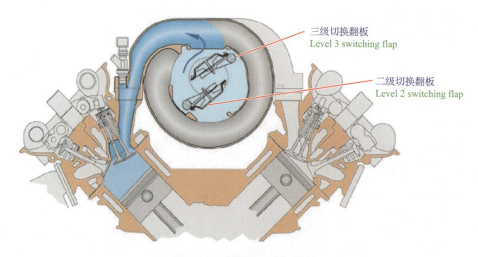

图2-74　高转速区进气控制

2.9.4　排气系统

排气系统一般布置在汽车的底部，它由多个部件组成，要承担一系列任务。

从燃烧室出来的废气具有很大的冲量，排气系统必须削弱这个冲量，使之不超过一定的噪声水平。同时，它还要保证发动机功率损失尽可能小。它可靠地引走废气，防止废气渗入客舱内；将废气中所含的有害物质降低到规定值水平；限制排气噪声，并形成期望的噪声音响效果。

排气系统大致由下述部件组成：排气管、排气歧管、外置排气歧管、集成式排气歧管、排气歧管-废气涡轮增压器模块、催化转化器、柴油微尘过滤器（柴油机）、选择性催化还原装置（柴油机）、隔离元件、消声器、反射式消声器、吸收式消声器、排气控制阀、催化转化器前氧传感器、催化转化器后氧传感器、前置三效催化转化器、隔离元件、中间消声器、后消声器。排气系统主要部件如图2-75所示。

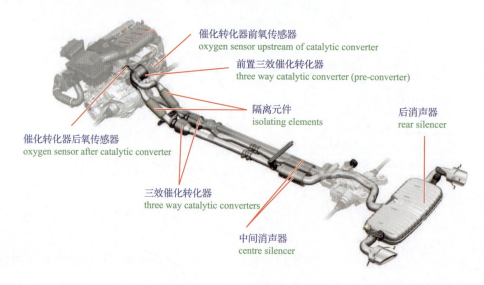

图2-75　排气系统主要部件

柴油机工作时，其燃油-空气混合气体中的氧是过量的（$\lambda>1$），这使得废气中氧的浓度很高。因此，催化转化器不需要氧传感器调节含氧量。为了能转换不同的有害物质，柴油机配备了多种催化转化器，每种执行不同的功能。柴油机排气催化转化器如图2-76所示。

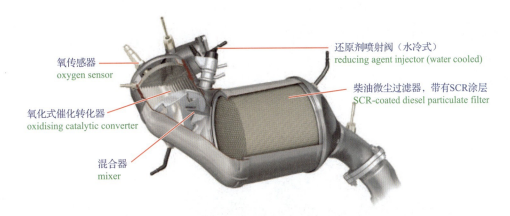

图2-76　柴油机排气催化转化器

2.9.5　涡轮增压器

汽车的动力系统按进气方式可分为自然进气系统和增压进气系统两大类。最常见的发动机增压系统有机械增压与废气涡轮增压两种。发动机以机械方式驱动机械增压器进行增压，称为机械增压。发动机利用废气能量驱动涡轮增压器，称为废气涡轮增压（简称"涡轮增压"）。

涡轮增压器由进气端和排气端两部分组成，发动机排出的废气可以推动涡轮排气端内的叶片，由于这个叶片通过轴承与进气端内的叶片相连，所以排气端的叶片就可以带动进气端的叶片，而进气端的叶片快速转动产生的作用就是可以将更多的新鲜空气压入进气道，由此提高发动机的效率。涡轮增压器工作示意图如图2-77所示。

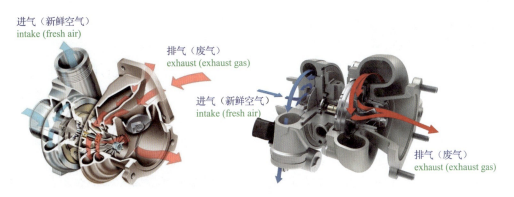

图2-77　涡轮增压器工作示意图

中间冷却器或进气冷却器是外观像散热器一样的附加组件，只不过空气同时从中间冷却器的内部和外部经过。涡轮吸入的空气通过密封管路流过冷却器，而发动机冷却风扇吹出的冷风从它外部的散热片流过。

涡轮增压器实际上是一种空气压缩机，通过压缩空气来增加进气量。它是利用发动机排出的废气惯性冲力来推动涡轮室内的涡轮，涡轮又带动同轴的叶轮，叶轮压送由空气滤清器管道送来的空气，使之增压进入气缸。当发动机转速增加时，废气排出速度与涡轮转速同步增加，叶轮就压缩更多的空气进入气缸。空气的压力和密度增加可以使更多的燃料燃烧，相应增加燃料量和调整发动机的转速，就可以增加发动机的输出功率。废气涡轮增压器内部构造如图 2-78 所示。

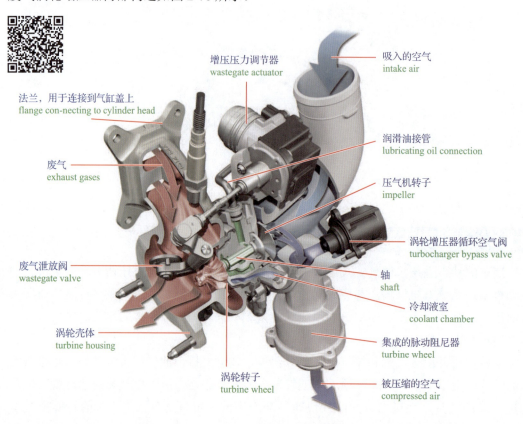

图2-78 废气涡轮增压器内部构造

2.9.6 机械增压器

机械增压器是一种强制性容积置换泵，简称"容积泵"。它跟涡轮增压器一样，可以增加进气管内的空气压力和密度，往发动机内压入更多的空气，使发动机每个循环可以燃烧更多的燃油，从而提高发动机的升功率和平均有效压力，使汽车动力性、燃油经济性和碳排放都得到改善。机械增压器本质上是一台罗茨鼓风机。机械增压器结构如图 2-79 所示。

罗茨式增压器属于机械增压器的类型之一。"罗茨式增压器"这个名称来源于菲兰德·罗茨和弗朗西斯·罗茨兄弟，他们在 1860 年将此技术申请专利。罗茨式增压器是旋转活塞式结构，按容积泵原理工作，无内部压缩。压气机模块内集成有罗茨鼓风机和增压空气冷却系统，在某些发动机上还有旁通调节装置。

压气机模块有个壳体，壳体内有两个转子转动。罗茨式增压器如图 2-80 所示。

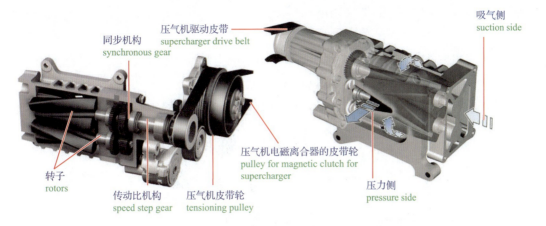

图2-79 机械增压器结构

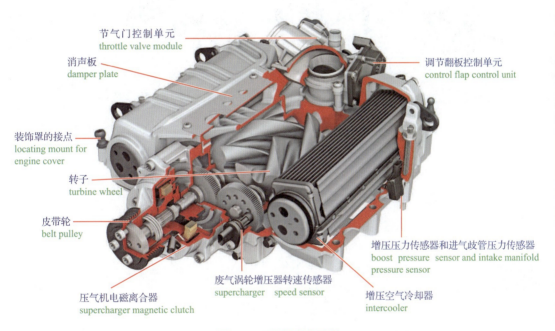

图2-80 罗茨式增压器

罗茨式增压器配备的是四叶型转子，两个转子的每个叶片相对于纵轴扭转160°，因此可实现连续而少波动的空气供给。两个转子采用机械驱动形式，如由曲轴通过皮带机构来驱动。两个转子通过壳体外的一对齿轮连接，向相反方向转动。两个转子相互啮合。在这种结构中，重要的是两个转子之间，以及与壳体间要密封。其困难之处在于，摩擦要尽可能小。在工作时（转子在转动），空气由叶片和外壁之间从空气入口（吸气侧）向空气出口（压力侧）输送。输送空气的压力来自回流。

罗茨式增压器部件分解如图2-81所示。

机械式压气机的两个转子的形状是这样设计的：当转子转动时，吸气侧的容积变大，就会吸入新鲜空气，且将新鲜空气送至压气机的压力侧。在压力侧，两个转子之间的容积在变小，于是空气被压向废气涡轮增压器的方向。增压压力通过变换调节翻板的位置来调节。如果调节翻板关闭，压气机在该转速时产生最大增压压力。机械式压气机工作原理如图 2-82 所示。

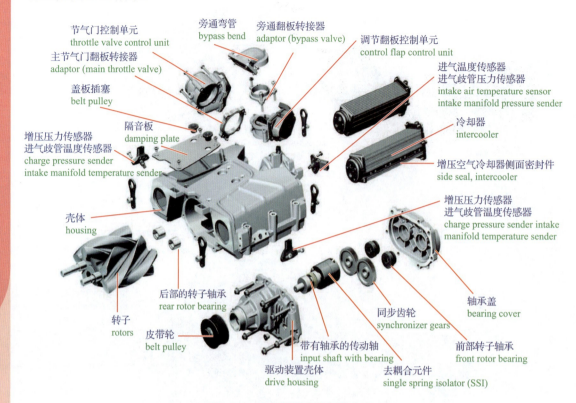

图2-81　罗茨式增压器部件分解

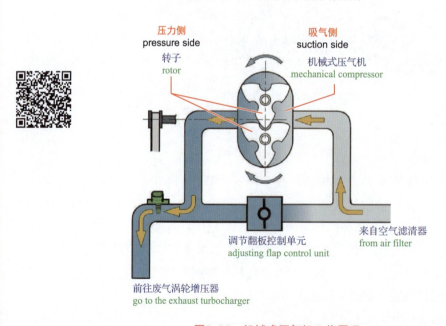

图2-82　机械式压气机工作原理

罗茨式增压器采用机械增压方式，是一种旋转活塞结构的装置。罗茨式增压器工作原理如图 2-83 所示。该装置采用挤压原理工作，内部并无压缩过程。它有一个壳体，壳体内有两个转子在转动。两个转子采用机械方式驱动，如由曲轴驱动。两个转子是由壳体外的齿轮来传动的（传动比相同），两个转子同步转动，但方向相反。于是，两个转子工作起来就像在"彼此啮合"。

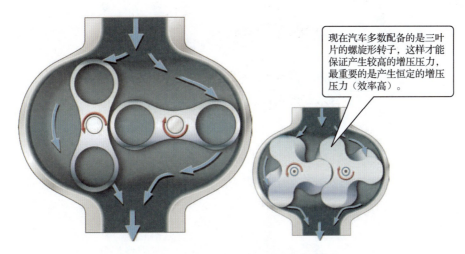

现在汽车多数配备的是三叶片的螺旋形转子，这样才能保证产生较高的增压压力，最重要的是产生恒定的增压压力（效率高）。

图2-83 罗茨式增压器工作原理

现代的罗茨式增压器是螺旋式增压器，增压模块完全处于发动机内的 V 形构造部位，因此发动机结构平整。罗茨式增压器安装位置如图 2-84 所示。

图2-84 罗茨式增压器安装位置

在全负荷工况，空气经节流阀、罗茨式增压器和增压空气冷却器流向发动机，如图 2-85 所示。

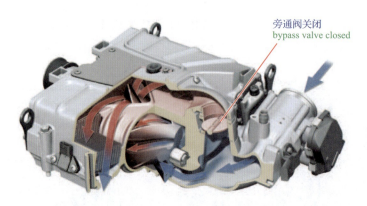

图2-85 全负荷工况

在部分负荷、怠速和超速工况，输送过来的部分空气经打开的旁通通道被引回到进气侧，如图2-86所示。

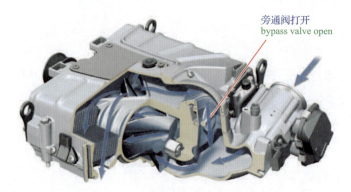

图2-86 部分负荷、怠速和超速工况

2.9.7 废气再循环

曲轴箱通风（positive crankcase ventilation，PCV）系统可向发动机提供新鲜空气。此新鲜空气与漏气和发动机机油混合物混合。漏气中的燃油和水蒸气被混合的新鲜空气吸收，通过曲轴箱通风系统被排放。为了对曲轴箱通风，新鲜空气被从空气滤清器和空气质量流量计后的发动机进气管道中抽吸出来，通风管道通过一个单向阀与气缸盖罩连接。曲轴箱通风系统部件如图2-87所示。

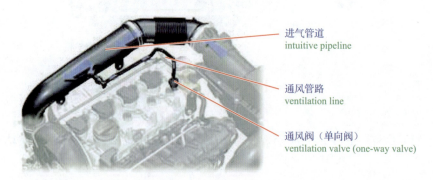

图2-87 曲轴箱通风系统部件

单向阀确保气体供应,未经过滤的漏气不会被直接吸入。单向阀能够在曲轴箱中压力过高时打开,避免因压力过高损坏密封件。曲轴箱通风阀内部结构如图2-88所示。

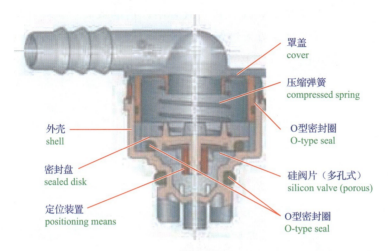

图2-88　曲轴箱通风阀内部结构

曲轴箱强制通风使用的是带止回阀的一根软管。新鲜空气从空气滤清器经过阀盖上的接头到达曲轴箱。止回阀的作用是防止进行油气分离的"窜气"从这里出来。止回阀朝空气滤清器方向的接头可以关闭。曲轴箱强制通风连接形式如图2-89所示。

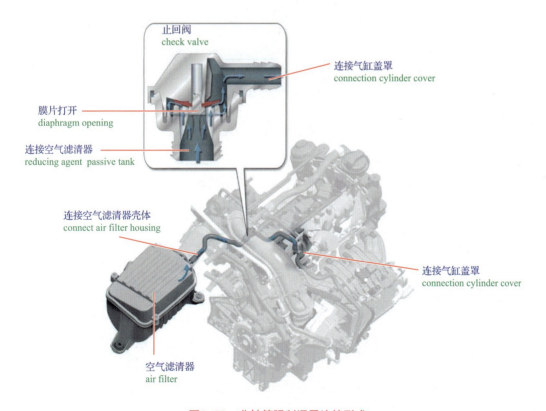

图2-89　曲轴箱强制通风连接形式

2.9.8 燃油蒸发控制系统

在发动机运行时，从活性炭罐中抽吸燃油蒸气产生与曲轴箱通风相同的问题。当有增压压力时，燃油蒸气不能直接流入进气歧管中。借助双向检查阀并取决于进气歧管中的压力状态，燃油蒸气直接流入进气歧管（无增压压力），或者流入废气涡轮增压器（有增压压力）。发动机燃油蒸发控制系统如图2-90所示。

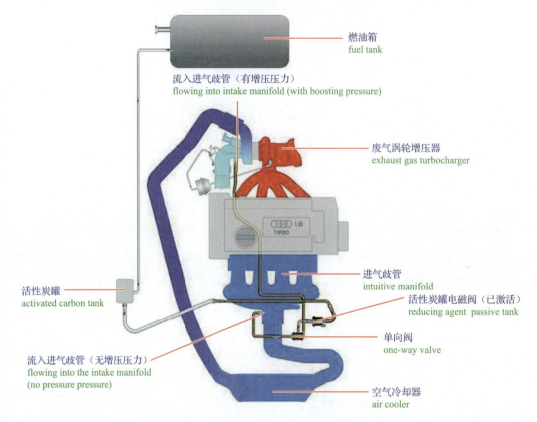

图2-90　发动机燃油蒸发控制系统

活性炭罐系统的活性炭过滤器（activated carbon filter，ACF）管连在通风管的另一个插头上，紧挨着控制阀。这个系统的功能和曲轴箱通风系统是一样的。燃油蒸发控制系统连接管路如图2-91所示。

2.9.9 三效催化转化器

三效催化转化器是安装在汽车排气系统中最重要的机外转化装置，它可将汽车尾气排出的一氧化碳、碳氢化合物和氮氧化物等有害气体通过氧化和还原作用转变为无害的二氧化碳、水和氮气。当高温的汽车尾气通过转化装置时，三效催化转化器中的净化剂将增强一氧化碳、碳氢化合物和氮氧化物的活性，促使其进行一定的氧化－还原化学反应，其中一氧化碳在高温下氧化为无色、无毒的二氧化碳气体；碳氢化合物在高温下氧化为水和二氧化碳；氮氧化物还原成氮气和氧气。三效催化转化器构造原理如图2-92所示。

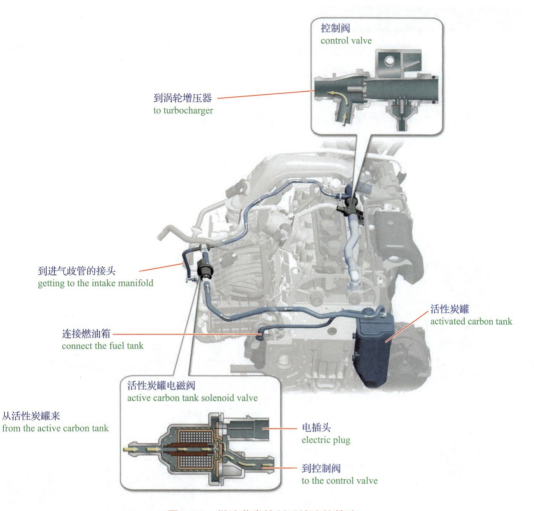

图2-91 燃油蒸发控制系统连接管路

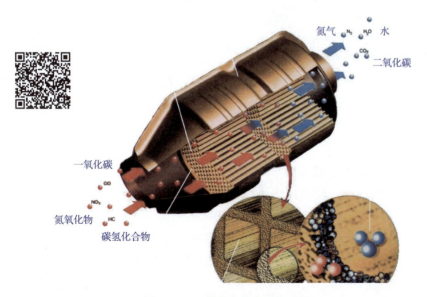

图2-92 三效催化转化器构造原理

2.9.10 汽油颗粒捕集器

根据国家第六阶段机动车污染物排放标准的要求，直喷发动机需要控制颗粒物数量及质量，汽油颗粒捕集器（gasoline particulate filter，GPF）可以通过小孔之间的壁面过滤颗粒物，以达到控制颗粒物含量的目的。由标定策略控制，使汽油颗粒捕集器孔壁上的颗粒物进一步燃烧，从而提高汽油颗粒捕集器捕捉颗粒物的耐久性。压差传感器（differential pressure sensor，DPS）实时监测汽油颗粒捕集器两端压力，输出给ECU，为汽油颗粒捕集器再生控制策略提供数据支持。温度传感器（HTS）实时监测汽油颗粒捕集器进气温度，输出给ECU，为汽油颗粒捕集器再生控制策略提供数据支持。汽油颗粒捕集器结构原理如图2-93所示。

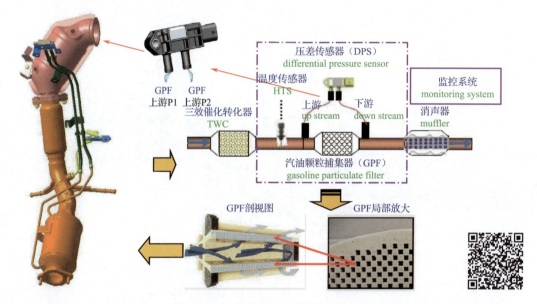

图2-93 汽油颗粒捕集器结构原理

2.9.11 柴油机后处理系统

柴油机后处理系统是废气再循环系统的一部分，如图2-94所示。借助去氮氧化物-催化转化器的帮助及使用还原剂，就可以把氧化式催化转化器和柴油微尘过滤器没处理掉的氮氧化物转化成氮气和水。还原剂使用的是高纯度、透明的32.5%尿素溶液。

有些柴油机使用所谓的废气净化模块，其结构如图2-95所示。这种模块将氧化式催化转化器和柴油微尘过滤器合成为一个部件，如此两个装置就可以安装在发动机附近，因此可以让废气净化模块很快达到正常工作温度。为了存储废气中的氮氧化物，氧化式催化转化器被设计成氮氧化物存储式催化转化器。

对氮氧化物存储式催化转化器中氮氧化物的存储和再生控制，是由控制单元内的一个计算模型来完成的，该计算模型需要使用温度传感器和氧传感器信息。柴油微尘过滤器还作为硫化氢捕集器使用，硫化氢是在氮氧化物存储式催化转化器脱硫时产生的，因此柴油微尘过滤器涂有金属氧化物涂层。

图2-94 柴油机后处理系统

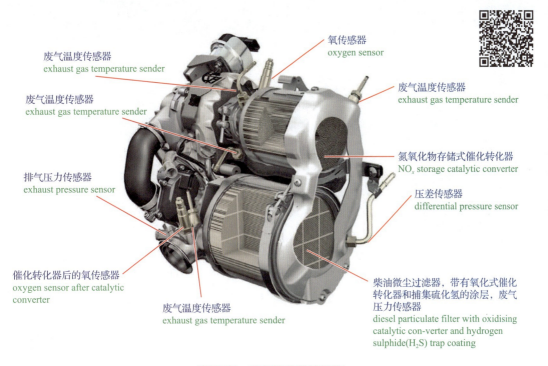

图2-95 废气净化模块结构

废气再处理系统包括还原剂箱系统（带有水冷式还原剂喷射阀）、一个安装在发动机附近的加热式催化转化器，以及一个有 SCR 涂层的柴油微尘过滤器和一个捕集式催化转化器（在主消声器前）。

涡轮增压器前后多个温度传感器、氧化式催化转化器、柴油微尘过滤器，以及氧传感器和氮氧化物传感器，都安装在排气系统上。系统通过传感器控制废气再处理过程。柴油机废气再处理系统如图 2-96 所示。

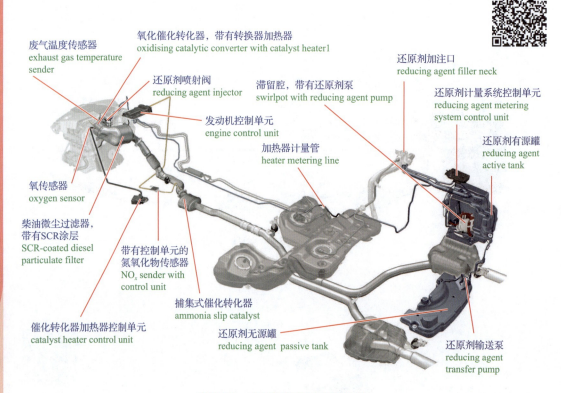

图2-96 柴油机废气再处理系统

第10节 润滑系统

2.10.1 概述

发动机润滑系统的基本任务就是将清洁的、具有一定压力的、温度适宜的机油不断供给运动零件的摩擦表面，使发动机能够正常工作。因此，润滑系统中必须具有为进行润滑和保证机油循环而产生足够油压的机油泵、储存机油的容器（一般利用油底壳储油）、由润滑油管及在发动机机体上加工出来的一系列润滑油道组成的循环油路。油路中还必须有限制最高油压的装置——限压阀，它可以内置于机油泵中，也可以单独设置。机油在工作一段时间以后，就会混有发动机零部件摩擦产生的金属碎屑和其他机械杂质，以及自身产生的胶质物，这些杂质如果随机油进入润滑油道，将加速发动机的磨损，还可能堵塞油路，所以现在的发动机润滑系统中都设有机油滤清器。发动机润滑系统组成部件如图2-97所示。

发动机润滑油要执行多项任务：部件润滑、部件冷却、密封、清洁、防腐、动力传输。机油回路用于在相应部件上执行这些任务。在车用发动机中，无论采用哪种燃烧方式，都主要使用压力循环润滑系统。发动机机油供给系统油道分布如图2-98所示。

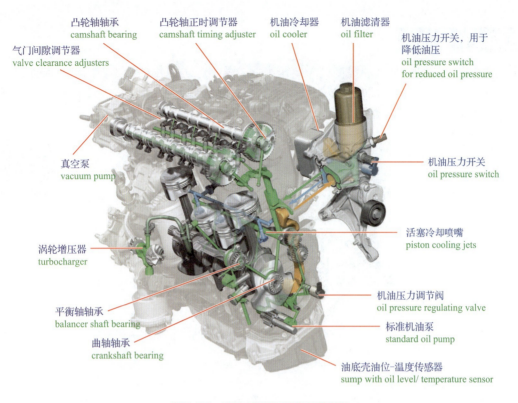

图2-97 发动机润滑系统组成部件

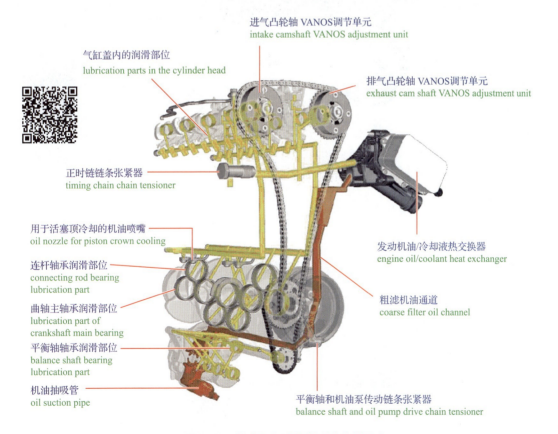

图2-98 发动机机油供给系统油道分布

2.10.2 机油泵

机油泵的作用是将机油提高到一定压力后，强制压送到发动机零件的运动表面上。机油泵结构形式可以分为齿轮式和转子式两类。齿轮式机油泵分为内啮合齿轮式和外啮合齿轮式，如图 2-99 和图 2-100 所示。

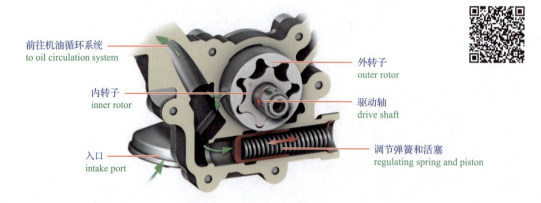

图2-99　内啮合齿轮式机油泵

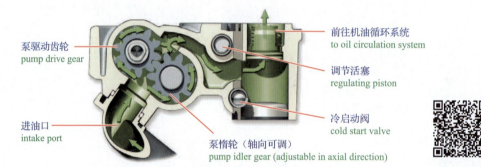

图2-100　外啮合齿轮式机油泵

转子式机油泵内部结构如图 2-101 所示。

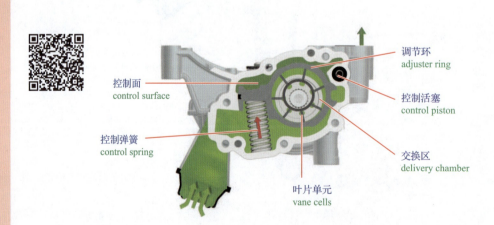

图2-101　转子式机油泵内部结构

2.10.3 干式油底壳

干式油底壳一般用于高性能跑车及赛车用发动机,与传统的湿式油底壳不同的是,这种润滑系统在发动机外有专门的机油罐,发动机下方只是一个很浅的接油盘,并设置有吸油器(由专用油泵驱动)。以奥迪R8发动机使用的干式油底壳为例,其结构特征如图2-102所示。

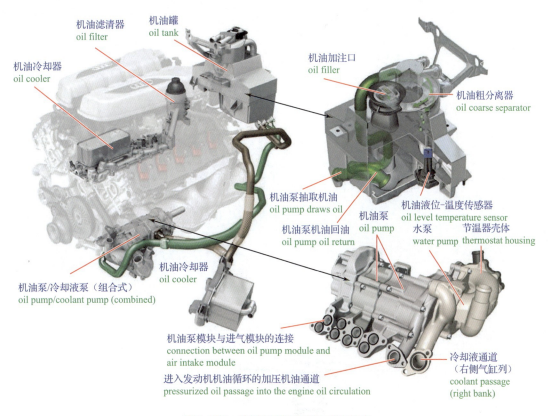

图2-102　奥迪R8发动机干式油底壳

2.10.4 机油滤清器

机油滤清器又称"机油格",用于去除机油中的灰尘、金属颗粒、碳沉淀物和煤烟颗粒等杂质,以保护发动机。一般润滑系统中装用几个滤清能力不同的滤清器——集滤器、粗滤器和细滤器,分别并联或串联在主油道中。与主油道串联的滤清器叫全流式滤清器,发动机工作时润滑油全部经滤清器滤清;与主油道并联的叫分流式滤清器。粗滤器串联在主油道中,为全流式;细滤器并联在主油道中,为分流式。现在的轿车发动机普遍只设有集滤器和一个全流式机油滤清器。机油滤清器结构如图2-103所示。

机油滤清器用于清洁机油,防止污物颗粒进入机油回路,进入润滑部位。现在车型的机油滤清器一般使用纸质滤清器滤芯。机油泵从油底壳抽出的机油以一定的压力(0.3～0.4 Mpa),从滤清器的进油口(螺纹盖板的多个冲孔)进入滤清器的滤芯纸格外表,经滤芯过滤后进入中心管,再从出油口(中心螺纹孔)流进发动机的主油道,以润滑发动机。机油滤清器内部结构及工作原理如图2-104所示。

图2-103 机油滤清器结构

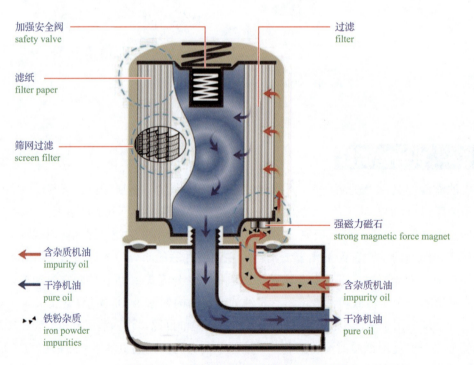

图2-104 机油滤清器内部结构及工作原理

第11节　冷却系统

2.11.1　概述

汽车发动机采用的水冷系统，大多数利用水泵强制使冷却液在冷却系统中循环流动，一般称为强制循环式水冷系统。水冷系统主要由水泵、散热器、冷却风扇、补偿水箱、节温器、发动机机体和气缸盖中的水套及附属装置等组成。图2-105是一个发动机冷却系统的示例。

在冷却系统中，有两个散热循环：一个是冷却发动机的主循环，另一个是车内取暖循环。这两个循环都以发动机为中心，使用同一种冷却液。

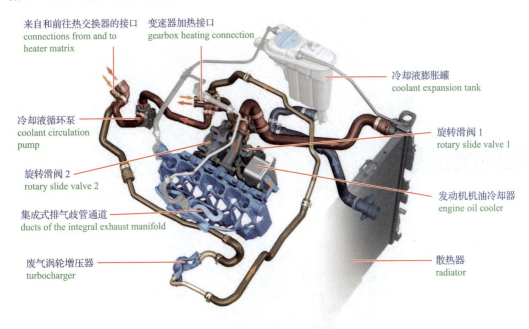

图2-105　发动机冷却系统示例

发动机有不同类型的冷却系统，如液冷、风冷、油冷。

2.11.2　冷却原理

发动机冷却液回路不仅冷却发动机，同时排走尽可能多的热量，而且必须根据运行状态高效调节不同组件的运行温度。发动机冷却液循环如图2-106所示。具体车辆可能有多个独立的冷却液回路，这种情况使冷却液调节的变数加大，使冷却液回路设计更复杂。

发动机采用交叉流动式冷却系统。温度低的冷却液通过冷却液泵从发动机的前部流入气缸体中，通过各个端面在气缸体中循环。在发动机的灼热侧（排气侧），冷却液沿着管路被分配给各个气缸并且从气缸流至进气侧（较冷的一侧）。在这里，灼热的冷却液被抽集在冷却液储存罐中，然后通过节温器被传送至散热器；如果节温器关闭，冷却液就直接流回冷却液泵中。热交换器和废气涡轮增压器通过附加连接被集成在发动机内部冷却液回路中。机油热交换器通过副支架直接与气缸体连接。冷却液再循环泵可防止发动机关闭后废气涡轮增压器的温度过高。冷却液再循环泵的激活是由发动机控制单元根据特性曲线图控制的。

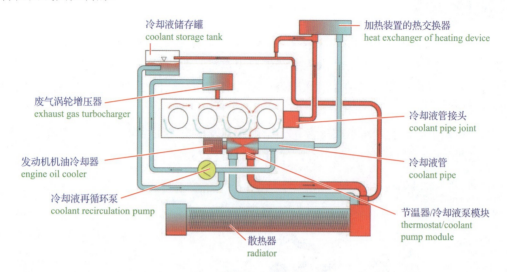

图2-106 发动机冷却液循环

2.11.3 节温器

冷却液控制、节温装置在1922年前后应用于发动机。节温器在发动机没有达到正常工作温度时，使冷却液不经过散热器，而是通过旁通管道直接流回发动机。节温器的作用如图2-107所示。

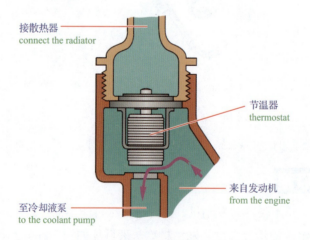

图2-107 节温器的作用

电子控制冷却系统根据发动机的负荷为发动机设定适宜的工作温度，改变了传统的冷却循环。冷却液分配法兰与节温器合成一个信号单元，发动机气缸体上不需要任何温度调节装置，发动机控制单元内设有电子控制冷却系统的特性图。电子控制冷却系统如图2-108所示。

冷却液分配器分为两部分，上半部分是供给冷却液的，下半部分是冷却液的回流管。

冷却液分配器结构如图2-109所示。这两部分通过一条垂直通道相通。电子节温器利用阀片打开或关闭垂直通道，就可以控制冷却液的循环。

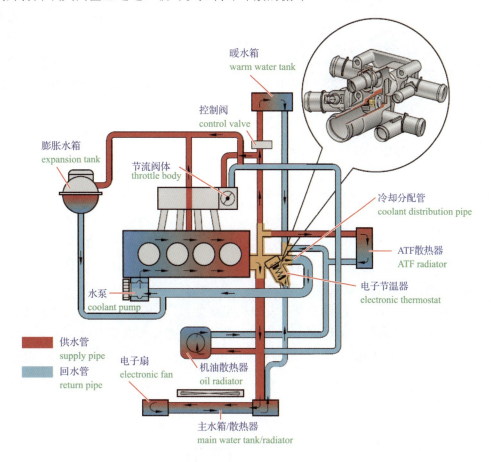

图2-108 电子控制冷却系统

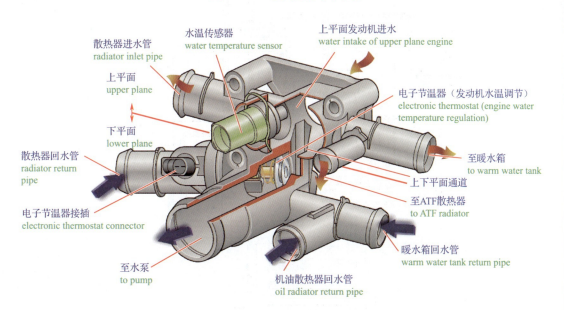

图2-109 冷却液分配器结构

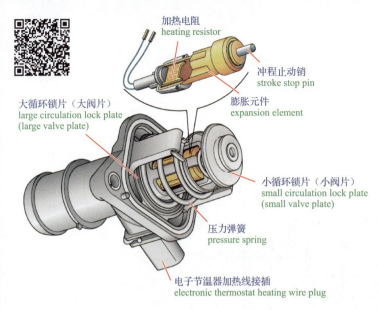

电子节温器由热敏膨胀元件（带石蜡成分）、在石蜡中的加热电阻、机械锁止冷却液通道的压力弹簧、大循环锁片和小循环锁片等部件组成，其结构如图2-110所示。在冷却液分配器中的电子节温器一直浸在冷却液中。超过冷却液沸点后，石蜡变为液体并且膨胀，使冲程止动销伸出。在正常情况下，没有加热的电子节温器工作温度为110℃。石蜡中藏有加热电阻，在需要调节时，ECM向加热电阻通电，与冷却液一起加热石蜡，这样就可以根据发动机的工况进行控制。

图2-110　电子节温器结构

在发动机冷启动时，小循环工况使发动机尽快热机，达到正常工作温度。此时，电子节温器未按发动机冷却特性图工作。在发动机处于部分负荷状态时，节温器将回水管堵塞，水泵使冷却液循环。冷却液经过发动机气缸盖、分配器上平面流入。此时，小循环阀门打开，冷却液经过小阀门直接流回水泵处，形成小循环。小循环冷却液回路如图2-111所示。此时，冷却液温度为95～110℃。

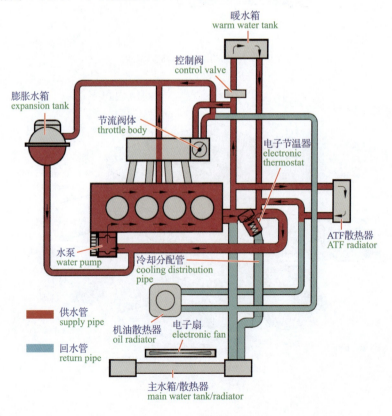

图2-111　小循环冷却液回路

大循环时，水温达到约110℃；在发动机全负荷时，进入大循环。此时，散热器也参加工作。在怠速或车辆迎风行驶时，为更好冷却，电子风扇需要运转。大循环冷却回路如图2-112所示。大循环完全进行的水温为85～95℃。

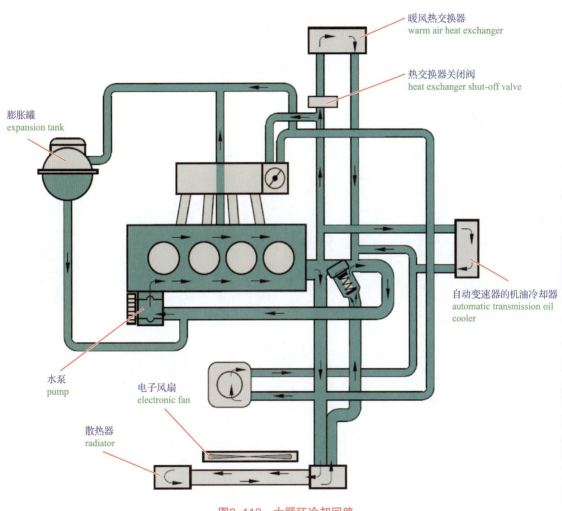

图2-112　大循环冷却回路

2.11.4　动力电池冷却与加热

我们以宝马i3电动汽车为例，介绍动力电池冷却与加热。动力电池单元直接使用制冷剂冷却。因此，空调系统的制冷剂循环回路由两个并联支路构成，一个用于车内冷却，另一个用于动力电池冷却。两个支路各有一个膨胀和截止组合阀，用于独立控制冷却功能。动力电池冷却系统部件如图2-113所示，动力电池冷却循环回路如图2-114所示。

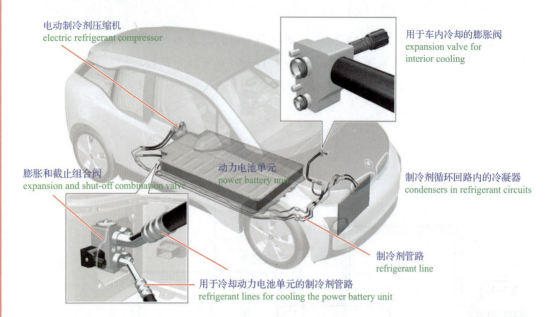

图2-113 动力电池冷却系统部件

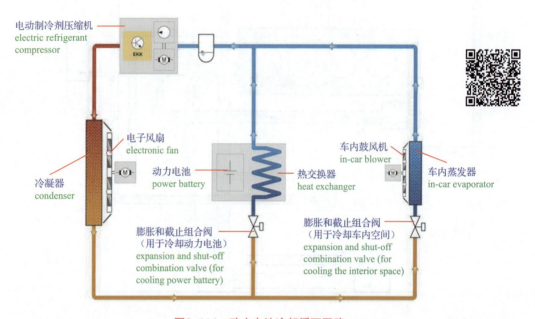

图2-114 动力电池冷却循环回路

为了使用制冷剂冷却电池,电池模块下方带有由铝合金平管构成的热交换器。动力电池单元内的冷却组件如图2-115所示。它与内部制冷剂管路连接在一起,因此在冷却时有制冷剂流过。对电池加热时,高压电系统启用并使电流经过加热丝网,该网沿冷却通道布置。冷却通道与电池模块接触,因此加热线圈产生的热量会传至电池模块和电池。

2.11.5 电驱总成冷却系统

我们以宝马i3为例,介绍电驱总成冷却系统。车辆通过一个冷却系统对驱动组件进行冷却。图2-116显示了选装所有配置的驱动组件冷却系统。蓝色表示温度较低,红色表示温度较高,不同的红色表示不同程度的高温。

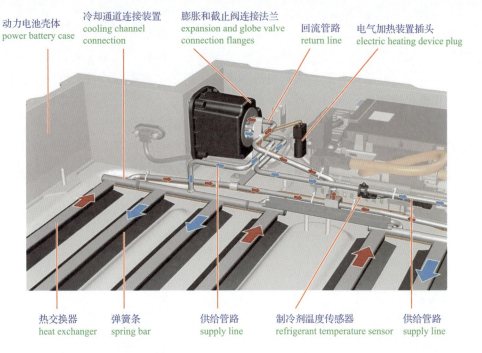

图2-115 动力电池单元内的冷却组件

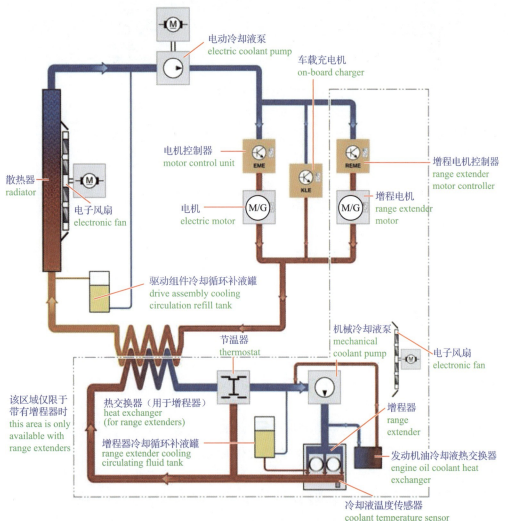

图2-116 驱动组件冷却系统（选装所有配置）

电机控制器要求的温度比电机低,因此选择按顺序串联。电动驱动装置和车载充电机不同时运行,因此选择并联。增程电机和增程电机控制器串联连接。这两个组件与车载充电机和电机控制器不同时运行,因此与其并联连接。车辆前部的冷却模块由冷却液空气热交换器、电子风扇及选装的主动式冷却风门构成。驱动组件冷却液循环回路内的冷却液通过一个电动冷却液泵进行泵送,经过五个驱动组件,在必要时还经过冷却液热交换器。如果行驶风不足以冷却冷却液散热器内的冷却液,由动力控制器接通电子风扇。驱动组件冷却系统安装位置如图2-117所示。

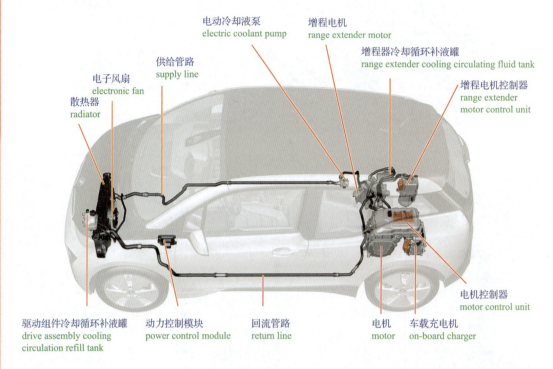

图2-117　驱动组件冷却系统安装位置

第12节　电动化系统

2.12.1　概述

1. 纯电动汽车

纯电动汽车是完全由可充电电池(如铅酸电池、镍镉电池、镍氢电池或锂离子电池)提供动力的汽车。纯电动汽车组成部件如图2-118所示。

2. 混合动力汽车

混合动力汽车是指使用电动机和传统发动机联合驱动的汽车,按动力耦合方式的不同可以分为串联式混合动力、并联式混合动力和混联式混合动力。

(1) 串联式混合动力汽车(SHEV):车辆的驱动力只来源于电动机的混合动力(电动)汽车。其结构特点是发动机带动发电机发电,电能通过电机控制器输送给电动机,由电动机驱动汽车行驶。此类车型也被称为增程式电动汽车。另外，动力电池也可以单独向电动机提供电能，驱动汽车行驶。串联式混合动力系统如图2-119所示。

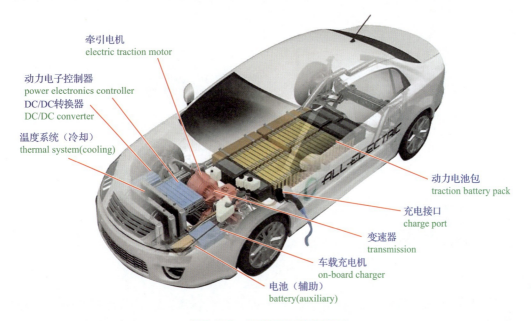

图2-118　纯电动汽车组成部件

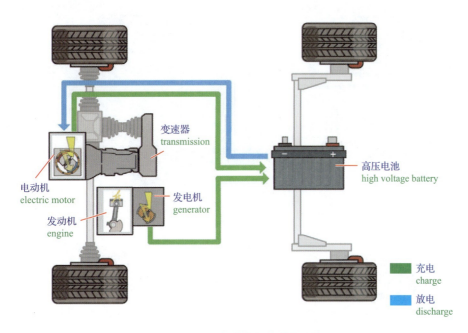

图2-119　串联式混合动力系统

（2）并联式混合动力汽车（PHEV）：车辆的驱动力由电动机与发动机同时或单独供给的混合动力（电动）汽车。此种车型的结构特点是可以单独使用发动机或电动机作为动力源，也可以同时使用电动机和发动机作为动力源。并联式混合动力系统如图2-120所示。

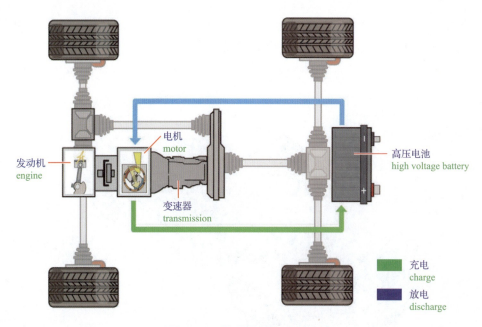

图2-120 并联式混合动力系统

（3）混联式混合动力汽车（CHEV）：同时具有串联式、并联式驱动方式的混合动力（电动）汽车。此种车型的结构特点是可以在串联式混合动力模式下工作，也可以在并联式混合动力模式下工作，同时兼具两者的特点。混联式混合动力系统如图2-121所示。

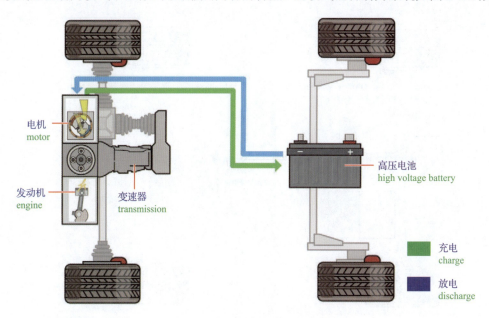

图2-121 混联式混合动力系统

根据基本设计方向的不同，混合动力系统可分为以下三种。

（1）轻度混合动力系统。在这种动力方案中，电气组件（启动机/发电机）仅用于启动和停止功能。在制动时，部分动能可以转化为电能，以重新利用（能量再生）。车辆无法通过纯电力驱动行驶。因发动机需要频繁启动，故对12 V玻璃纤维电池进行升级改造，如改用48 V电池。轻度混合动力系统如图2-122所示。

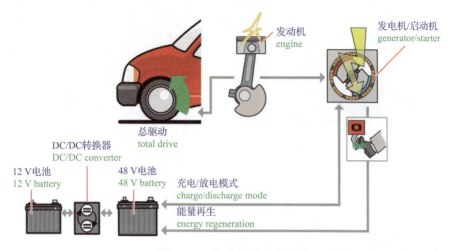

图2-122 轻度混合动力系统

（2）中度混合动力系统。电力用来辅助发动机驱动车辆。车辆无法通过纯电力驱动行驶。利用中度混合动力系统，可以在制动时回收更多的动能，并以电能的形式储存在高压电池中。高压电池及电气组件的额定电压和额定功率更高。由于电机的辅助，发动机可以在最佳的效率范围内启动。中度混合动力系统如图2-123所示。

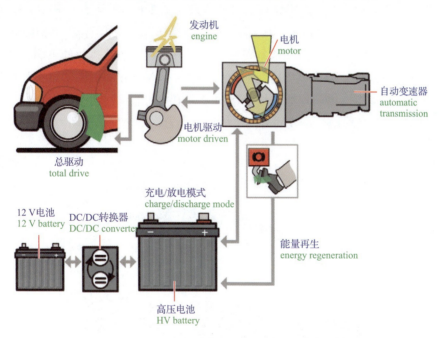

图2-123 中度混合动力系统

（3）完全混合动力系统。这种系统将功率更强的电机和发动机结合，可以实现纯电力驱动。一旦满足规定条件，电动机即可辅助发动机运行。车辆低速行驶时，完全由电力驱动。发动机具备启动和停止功能。回收的制动能量可为高压电池充电。发动机和电机之间的离合器可以断开两个系统之间的连接，发动机仅在需要时介入。完全混合动力系统如图2-124所示。此种汽车如果加上车载充电机和充电口设计，就成为插电式混合动力汽车（简称"插电混合动力"，而不能充电的混合动力车型被称为"油电混合动力"）。

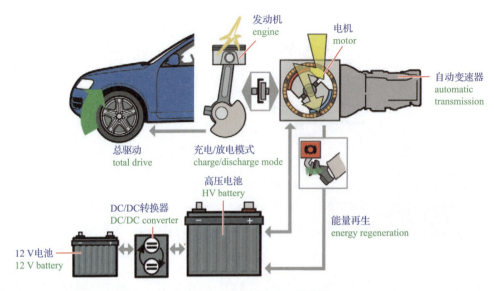

图2-124 完全混合动力系统

3. 燃料电池电动汽车

燃料电池电动汽车利用氢气和空气中的氧气在催化剂的作用下发生电化学反应产生电能，将其作为主要动力源。此类比较典型的车型如图2-125所示的丰田 Mirai。这是丰田第一款量产的燃料电池电动汽车，内部有两个氢气储气罐，可以存储 70 MPa 的氢气，总重 87.5 千克，一个布置在行李箱靠前的位置，另一个布置在后排座椅下面。两个储气罐由三层材料包裹制成。后排座椅椅背后方有一块 1.6 kW·h 的机械轴封镍氢电池组，在车辆运行时，可以存储燃料电池堆栈产生的多余电力和能量回收时的电力。在必要的时候，蓄电池可以与燃料电池堆栈同时向电机输出电力，以增强车辆动力。

图2-125 丰田Mirai氢燃料电池电动汽车

2.12.2 动力电池

动力电池也叫"高（电）压电池"，这是区别于传统12V车载供电的低压蓄电池（简称"低压电池"）的称呼。动力电池的电芯目前选用三元锂电池的为多，其次为铁锂电池、镍氢电池、燃料电池等。

1. 三元锂电池

三元锂电池是指以镍钴锰酸锂或镍钴铝酸锂为正极材料，以石墨为负极材料，以六氟磷酸锂为主的锂盐作为电解质的锂电池。三元锂电池就是以其正极材料来命名的，因为其正极材料包含镍、钴、锰（或铝）三种金属元素［镍钴锰（NCM）和镍钴铝（NCA）］因此得名"三元"。我们以奥迪e-tron为例，其使用的动力电池模块部件如图2-126所示。

图2-126 奥迪e-tron动力电池模块部件

2. 铁锂电池

铁锂电池是锂电池家族中的一类电池，正极材料主要为磷酸铁锂材料。铁锂电池的全名是"磷酸铁锂锂离子电池"，由于其性能特别适合于动力方面的应用，因而有人叫它"铁锂动力电池"。与三元锂电池相比，其安全性更好，无须添加稀有的钴元素，整体造价更低。我们以比亚迪汉EV应用的刀片式铁锂电池为例，其模块结构如图2-127所示。

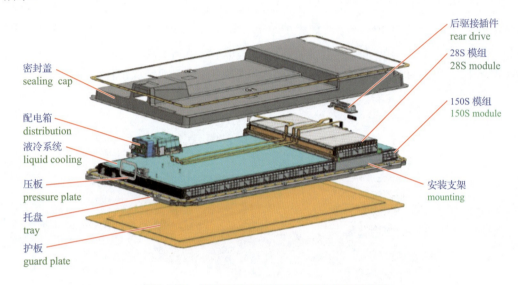

图2-127 比亚迪汉EV刀片式铁锂电池模块结构

3. 镍氢电池

镍氢电池分为高压镍氢电池和低压镍氢电池。镍氢电池正极活性物质为氢氧化镍，负极活性物质为金属氢化物，电解液为浓度 6 mol/L 的氢氧化钾溶液。镍氢电池主要用于早期的混合动力汽车，如丰田普锐斯、本田思域、凯迪拉克凯雷德等油电混合动力车型。图 2-128 为丰田普锐斯所用镍氢电池模块。

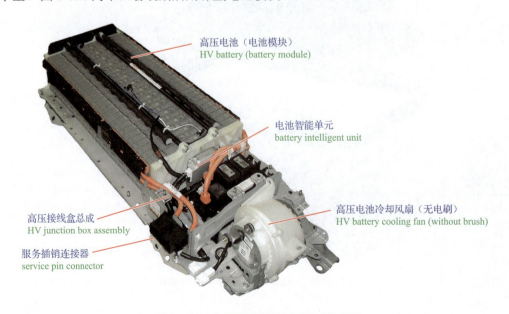

图2-128 丰田普锐斯所用镍氢电池模块

4. 燃料电池

燃料电池是一种能量转化装置，将燃料的电化学能转化成电能，类似电池一样，也是电化学发电装置。采用氢气作为燃料的燃料电池称为氢燃料电池，其工作原理可以理解为水电解生成氢气和氧气的逆反应。氢燃料电池的效率可达到60%以上。氢燃料电池的生成物是水，基本不排放有害气体，做到了无碳排放，且不产生噪声，有望成为继锂电池之后的新型清洁动力。奥迪 A7 Sportback h-tron 氢燃料电池电动汽车主要部件如图2-129所示。

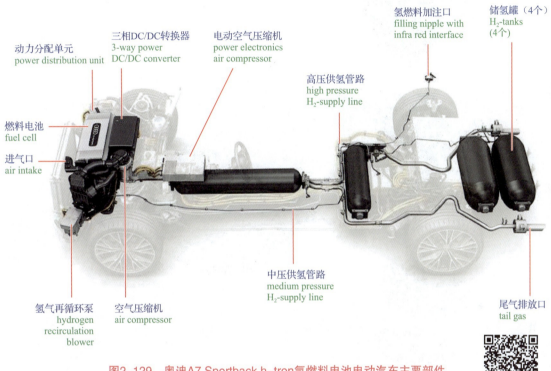

图2-129　奥迪A7 Sportback h-tron氢燃料电池电动汽车主要部件

2.12.3　充电系统

按照充电系统是否安装在车上，可将其分为车载充电系统和非车载充电系统。车载充电系统安装在车辆内部，具有体积小、冷却和封闭性好、质量小等优点，但功率普遍较小，充电所耗时间长；非车载充电系统安装在车辆外部，具有规模大、使用范围广、功率大等优点，但体积大、质量大，不易移动，主要适用于快速充电。

车载充电机是指固定安装在电动汽车上的充电机，具有为电动汽车高压电池安全、自动充满电的能力。车载充电机依据电池管理系统（BMS）提供的数据，动态调节充电电流或电压，执行相应的动作，完成充电过程。

给高压电池充电可使用交流电或直流电。充电插座上的交流接口（AC）连接在高压电池充电器上。充电插座上的直流接口（DC）连接在开关盒上，直流电可以直接输入高压电池内。在高压电池充电器内，交流电转换为直流电，并通过开关盒输入高压电池内。充电系统部件连接如图2-130所示。

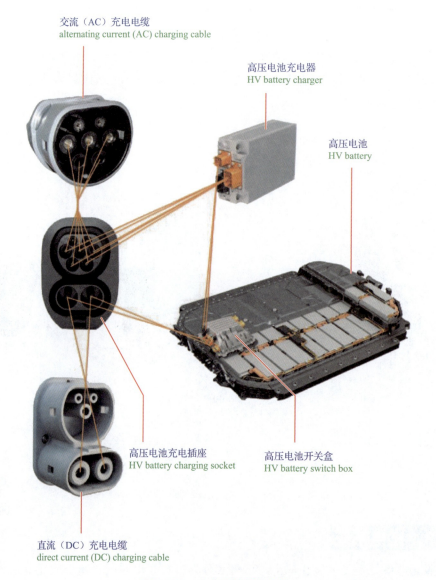

图2-130 充电系统部件连接

充电系统启用时，车载充电机将外部交流电转换成直流电，给高压电池充电。充电时，车载充电机根据整车控制器（VCU）的指令确定充电模式。车载充电机内部有滤波装置，可以抑制交流电网波动对车载充电机的干扰。高压接线盒接收车载充电机或直流充电桩的电能，将其输送给高压电池总成。整车充电系统电气连接如图2-131所示。

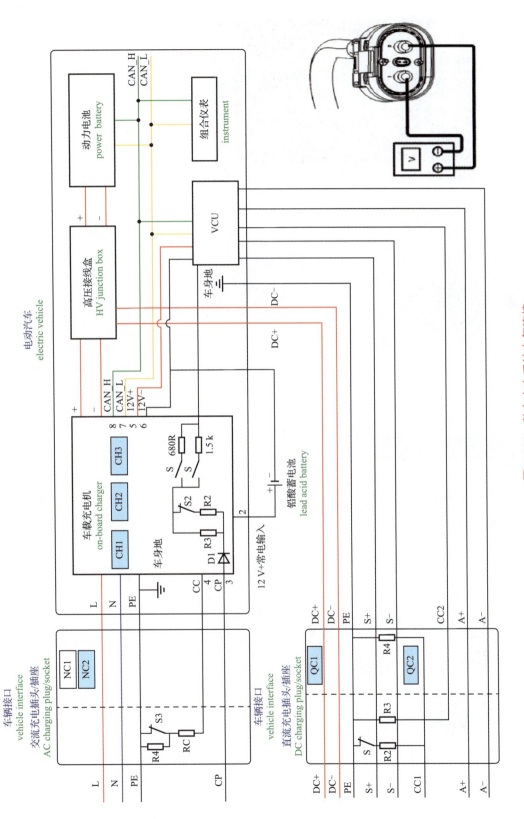

图2-131 整车充电系统电气连接

交流、直流充电端子连接定义，以比亚迪 e5 为例，如图 2-132 所示。

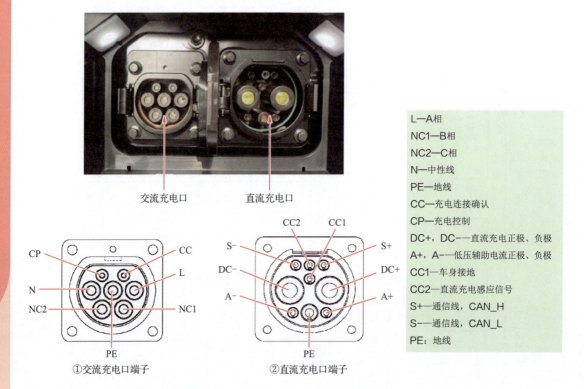

L—A相
NC1—B相
NC2—C相
N—中性线
PE—地线
CC—充电连接确认
CP—充电控制
DC+，DC-—直流充电正极、负极
A+，A-—低压辅助电流正极、负极
CC1—车身接地
CC2—直流充电感应信号
S+—通信线，CAN_H
S-—通信线，CAN_L
PE：地线

图2-132　交流、直流充电端子连接定义

2.12.4　电驱系统

电驱系统由电动机/发电机（1）、转子（2）、定子（3），动力电子元件（4）和高压电池（5）等部件组成，电机装有一个定子绕组，绕组如同电动机一样，可产生一个旋转磁场。电机组成部件和电路连接如图 2-133 所示。

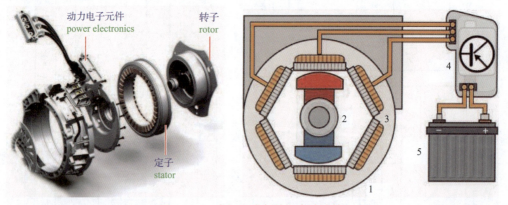

图2-133　电机组成部件和电路连接

当电机作为电动机工作时，定子绕组会产生一个旋转磁场。转子是一个可以产生磁场的永磁体。同步电动机的转速可通过感应交流电的频率精确控制。系统中有一个变频器，对同步电动机转速进行无级调整。转子位置传感器可持续检测转子的位置，控制

电子器件以此测定电动机实际转速。电机工作原理如图 2-134 所示。

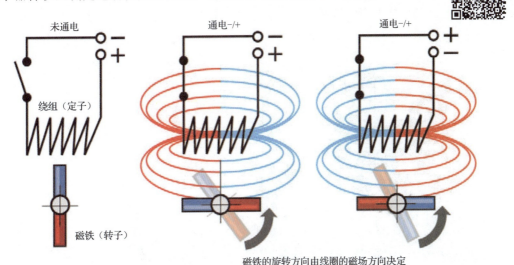

图2-134　电机工作原理

电力驱动系统都采用能量回收技术，即在汽车制动时，通过控制器将车轮损耗的动能回收到电池中，并使电机处于发电状态，将发出的电能输送到电池中。因此，电动汽车的驱动机称为电机。电机按工作电源种类，可分为直流电机和交流电机；按结构和工作原理，可分为异步电机、同步电机。目前电动汽车上多配置永磁同步直流电机，少数车型使用异步交流电机，如特斯拉与蔚来等品牌车型。

电机的主要组件包括转子、定子、转子位置传感器和冷却系统等。大众 e-Golf 采用的永磁同步电机结构如图 2-135 所示。

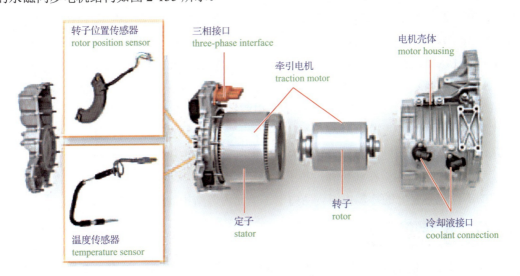

图2-135　大众e-Golf采用的永磁同步电机结构

奥迪 e-tron 使用的驱动电机是异步电机。每个电机的主要部件有三个呈 120°布置铜绕组（U，V，W）的定子和转子（铝制笼型转子）。转子把转动传入齿轮箱。为了达到较高的功率密度，静止不动的定子与转动的转子之间的气隙必须非常小。电机与齿轮箱合成一个车桥驱动装置。

车桥驱动装置有两种不同类型，其区别体现在电机相对于车桥的布置上。前桥采用平行轴式电机驱动车轮，其结构如图2-136所示，后桥采用同轴式电机驱动车轮。

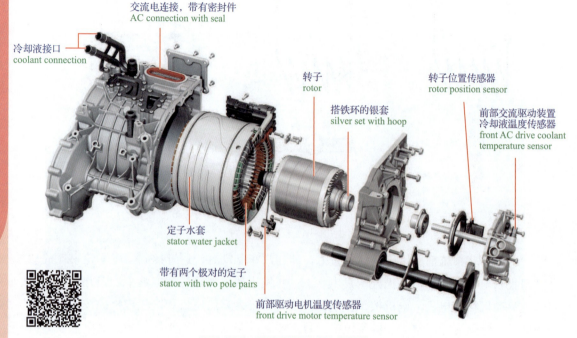

图2-136　前桥平行轴式电机结构

电机控制器日趋集成化，集成形式包括：单主驱动控制器、三合一控制器（集成EHPS控制器、ACM控制器、DC/DC转换器）、五合一控制器（集成EHPS控制器、ACM控制器、DC/DC转换器、动力分配器、双源EPS控制器）、乘用车控制器（集成主驱、DC/DC转换器）。多合一集成的电机控制功能：为集成控制器各个支路配电，如熔断器、TM接触器、电除霜回路供电、电动转向回路供电、电动空调回路供电等；为控制电路提供电源（如VCU），为驱动电路提供隔离电源；接收控制信号，驱动IGBT并反馈状态，提供隔离及保护；接收VCU控制指令，并做出反馈，检测电机系统转速、温度等传感器信息，通过指令传输电机控制信号；为电机控制器散热，保障控制器安全。

动力电子单元连接在前桥和后桥上的低温冷却循环管路上。这样能对动力电子单元内部的部件起到良好的冷却作用。动力电子单元内部结构如图2-137所示。

2.12.5　整车控制

新能源汽车根据动力源可分为纯电动汽车和混合动力汽车。整车控制器是新能源汽车的核心控制部件，主要功能是解析驾驶员需求，监控汽车行驶状态，协调控制单元［如电池管理系统（BMS）、电机控制单元（MCU）、发动机管理系统（EMS）、变速器控制单元（TCU）等］的工作，实现整车的上下电、驱动控制、能量回收、附件控制和故障诊断等功能。整车控制器原理如图2-138所示。

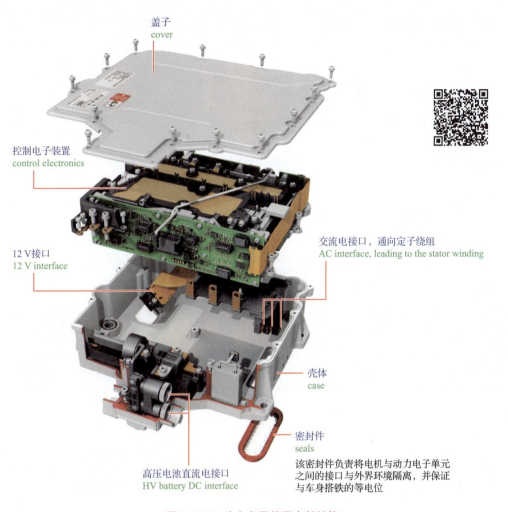

图2-137 动力电子单元内部结构

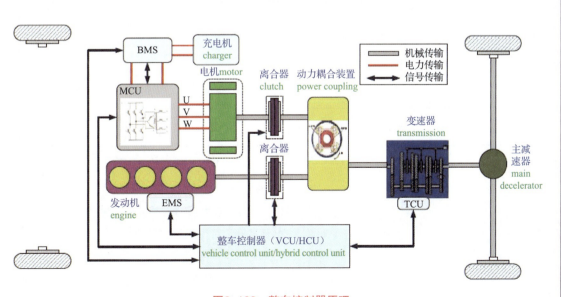

图2-138 整车控制器原理

以广汽传祺 GA3S 车型为例，整车控制器作为电动汽车的核心部件，负责实施整车控制策略，协调各子系统工作，是电动汽车的控制中枢。整车控制器原理如图 2-139 所示。

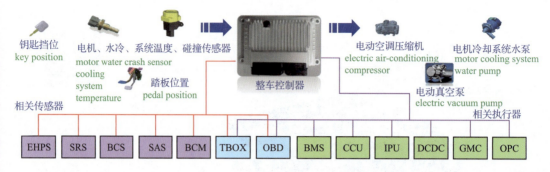

图 2-139　整车控制器原理

整车控制器关联部件功能见表 2-1。

表 2-1　整车控制器关联部件功能

零件名称	缩写	功能	零件名称	缩写	功能
电子控制动力转向系统	EHPS	控制电磁阀的开度，从而满足高速、低速时的转向助力要求	电池管理系统	BMS	检测高压电池状态，控制高压电池输入、输出
安全气囊	SRS	被动安全性保护系统，与座椅安全带配合使用，为乘员提供防撞保护	整车控制器	VCU（HCU）	接收整车高压、低压附件信号，对整车进行控制
车身控制系统	BCS	控制ABS/ESP	耦合控制单元	CCU	检查GMC油压、油温，通过控制电磁阀实现离合器吸合与断开
半主动悬架	SAS	通过传感器感知路面状况和车身姿态，改善汽车行驶平顺性和稳定性	集成电机控制器	IPU	控制驱动电机和发电机
车身控制模块	BCM	实现离散控制功能，对众多用电器进行控制	DC/DC转换器	DC/DC	将高压电池内高压直流电转化为12V，供低压用电器使用
远程监控系统	TBOX	行车时实时上传整车信号至服务器，对车辆进行实时动态监控	机电耦合系统	GMC	内置TM、ISG、差速器与减速器，实现整车动力输出
车载诊断系统	OBD	诊断整车故障状态	低压油泵控制器	OPC	辅助控制GMC内部冷却油流动

第3章 底盘系统

第1节　底盘概述

汽车底盘的主要作用是支撑、安装汽车发动机及各系统部件的总成，形成汽车总体造型，并接收动力系统的输出功率，使汽车产生运动，保证正常行驶。底盘由传动、行驶、转向和制动四个系统组成。典型的前置（发动机）后（轮）驱（动）型燃油车底盘如图 3-1 所示。

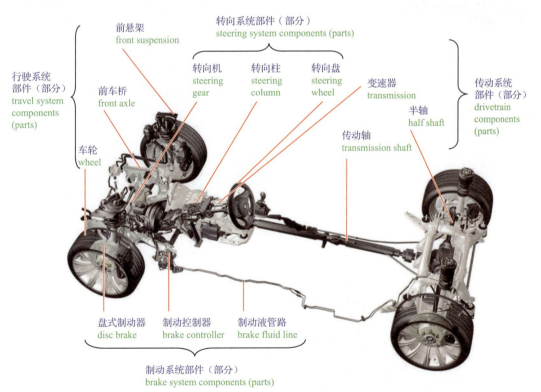

图3-1　前置后驱型燃油车底盘

与燃油车相比较，电动汽车的后驱（特别是四驱车型）可以通过电驱装置单独控制前后车轮，由此可以省出变速器、中央差速器、传动轴的安装空间，这样托盘式高压电池可以布置在底盘下方。电动（乘用）车底盘如图 3-2 所示。

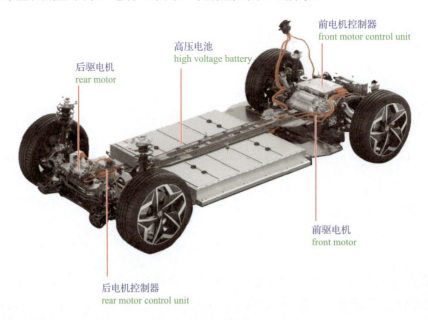

图3-2　电动（乘用）车底盘

3.1.1　传动系统

汽车传动系统的作用是将动力装置的驱动力传递给车轮，包括从动力装置（发动机或电动机）到车轮之间的离合器、变矩器、变速器、分动器（四驱）、传动轴（后驱或四驱）、驱动桥（主要部件为差速器与减速器总成）、半轴等部件。四驱燃油车型常见传动系统部件如图 3-3 所示。

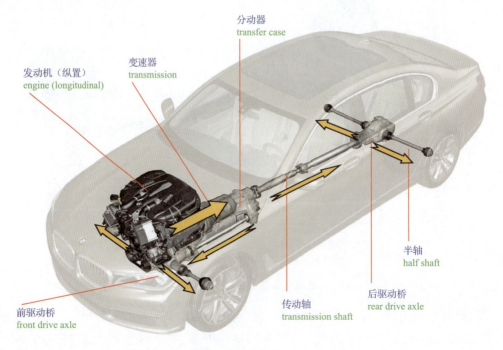

图3-3　四驱燃油车型常见传动系统部件

3.1.2 行驶系统

汽车行驶系统的主要总成是悬架,故也称"悬架(挂)系统"。其主要作用是将汽车构成一个整体,支撑汽车的总质量,承受并传递路面对车轮的各种反作用力矩;减震缓冲,保证汽车行驶平稳;与转向系统配合,正确控制汽车行驶方向。该系统一般由车架、悬架、车桥和车轮等部件组成。汽车行驶系统如图3-4所示。

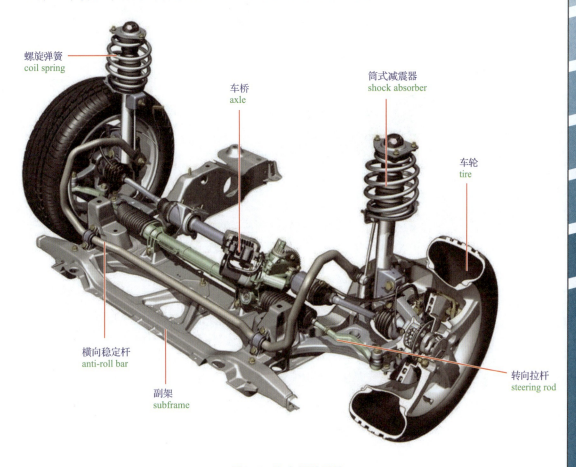

图3-4 汽车行驶系统

3.1.3 转向系统

汽车转向系统的主要作用是使汽车按照驾驶员选定的方向行驶,其主要由转向操纵机构、转向机构和转向传动机构组成。现在的汽车普遍使用电动助力转向系统,如图3-5所示。

3.1.4 制动系统

汽车制动系统的主要作用是使汽车减速、停车并保证可靠驻车。该系统一般包括行车制动系统与驻车制动系统,分别由制动器与制动传动机构组成。现在的汽车一般都装备防抱死制动系统(ABS),如图3-6所示。

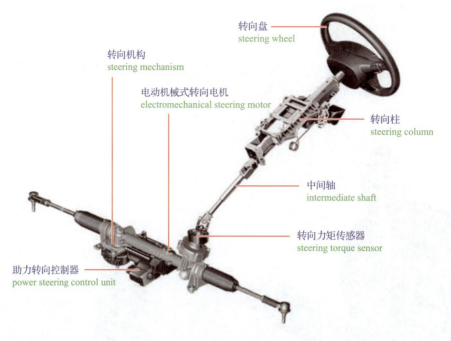

图3-5 电动助力转向系统

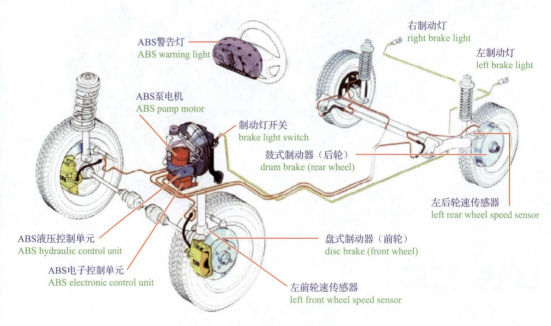

图3-6 防抱死制动系统（ABS）

第2节 传动系统

3.2.1 概述

汽车传动系统主要由离合器（自动变速器为液力变矩器）、变速器（分为手动和自动两种类型）、传动轴与驱动桥（有的集成于变速器，有的为单独装置）等机构组成。汽车传动系统如图 3-7 所示。

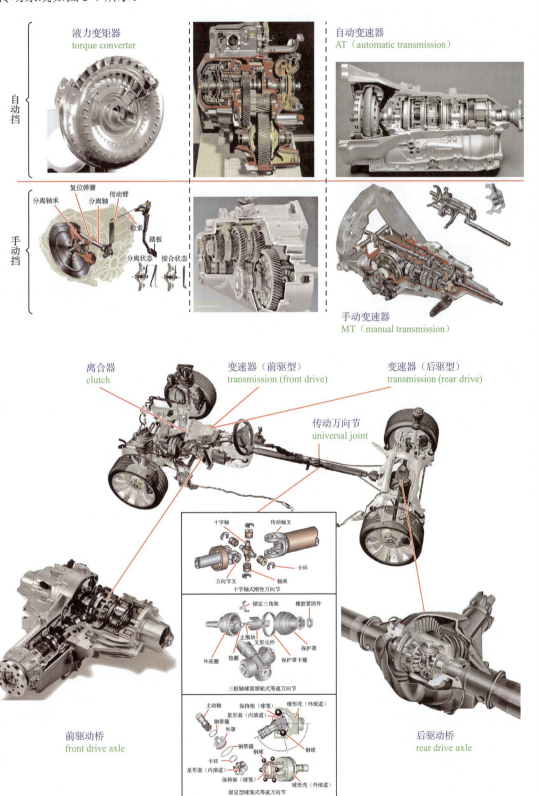

图3-7　汽车传动系统

发动机输出的动力经过离合器，由变速器改变扭矩和转速后，经传动轴传递到主减速器上，最后通过差速器和半轴传递到驱动轮上。

汽车传动系统主要部件的作用如下：

离合器固定在发动机飞轮后端面，与变速器相连，处于常啮合状态。在汽车起步、换挡及对汽车进行制动之前，驾驶员踩下离合器踏板，使离合器分离，从而切断发动机与驱动轮之间的传动路线。

变速器上设有空挡、若干前进挡及一个倒挡，各挡传动比都不相同，可以满足汽车在不同行驶工况下的需要。

万向传动装置位于变速器和驱动桥之间。汽车上任何一对轴线相交且相对位置经常变化的转轴之间的动力传递，都需要通过万向传动装置。

驱动桥由主减速器、差速器、半轴和桥壳组成，其作用是将万向传动装置传来的发动机扭矩传给驱动轮，并降低转速和增加扭矩。

3.2.2　布置形式

根据汽车用途、发动机结构和安装位置的不同，传动系统的布置形式如图3-8所示。汽车上广泛采用的传动系统布置形式有（发动机）前置后驱型、（发动机）前置前驱型、（发动机）后置后驱型、（发动机）中置后驱型及四轮驱动型等。

3.2.3　离合器

离合器位于发动机和变速器之间的飞轮壳内，用螺钉固定在飞轮的后平面上。离合器的输出轴就是变速器的输入轴。在汽车行驶过程中，驾驶员根据需要踩下或松开离合器踏板，使发动机与变速器暂时分离和逐渐接合，以切断或传递发动机向变速器输入的动力。

离合器有摩擦离合器、液力变矩器（液力耦合器）、电磁离合器等几种。摩擦离合器分为湿式和干式两种。与手动变速器相配合的绝大多数离合器为干式摩擦离合器，按从动盘的数目可分为单盘、双盘和多盘等几种。离合器内部结构及组成部件如图3-9所示。

湿式摩擦离合器一般为多盘式，浸在油中，以便散热。采用若干螺旋弹簧作为压紧弹簧，并将弹簧沿压盘圆周分布的离合器称为周布弹簧离合器。采用膜片弹簧作为压紧弹簧的离合器称为膜片弹簧离合器。

3.2.4　手动变速器

手动变速器又称"机械式变速器"，即必须用手拨动换挡杆（俗称"挡把"）才能改变变速器内的齿轮啮合位置，改变传动比，从而达到变速的目的。手动变速器在操纵时必须踩下离合器踏板，方可拨动换挡杆。手动变速器是利用大小不同的齿轮配合来变速的。最常见的手动变速器多为5个挡位（4个前进挡、1个倒挡），也有的汽车采用6挡变速器。一般来说，手动变速器的传动效率比自动变速器的高，如果驾驶技术好，手动变速的汽车在加速、超车时比自动变速的汽车快，也省油。

前置前驱型：低级、中级车中最常见的驱动形式，一般变速器与驱动桥的差速器装在一起，故称变速驱动桥，有手动和自动之分。

前置后驱型：中级、高级车中最常见的驱动形式。发动机输出的扭矩经离合器与变速器，再经传动轴传到后桥驱动桥上，驱动后轮。

中置后驱型：多见于高级跑车，发动机居于前桥与后桥的中部，通过变速器驱动后轮。

后置后驱型：在高级跑车（如保时捷、法拉利跑车）中多见。

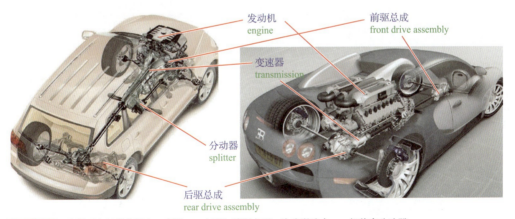

四轮驱动型：多用于高级豪华轿车、高端SUV车型与越野车型，为分配动力，一般装有分动器。

图3-8　传动系统的布置形式

　　手动变速器由变速传动机构、变速器壳体和操纵机构组成。按照轴的形式，手动变速器可以分为固定轴式（齿轮的旋转轴线固定）和旋转轴式（齿轮的旋转轴线也是转动的，如行星齿轮变速器）。固定轴式手动变速器根据轴数的不同，分为两轴式、中间轴式、双中间轴式、多中间轴式。手动变速器操纵机构组成如图3-10所示。

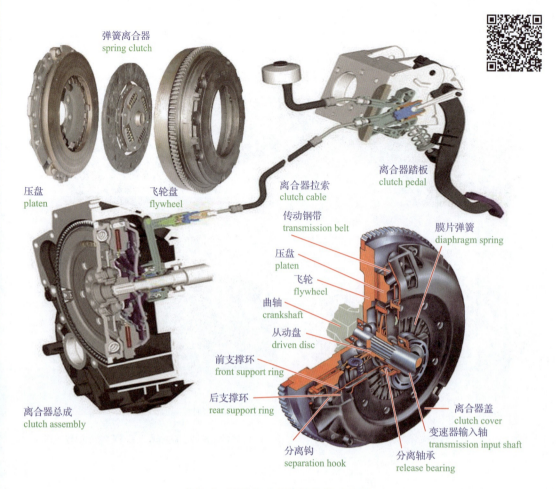

图3-9 离合器内部结构及组成部件

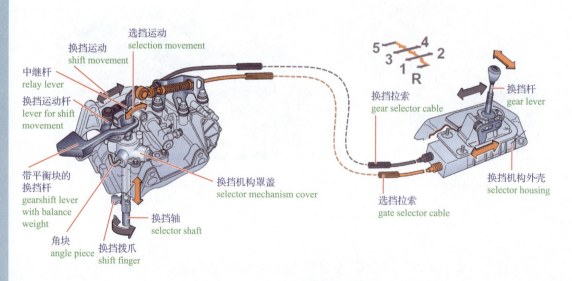

图3-10 手动变速器操纵机构组成

以奔驰6挡变速驱动桥（前置前驱型手动变速器）为例，其变速器剖面图如图3-11、图3-12所示。

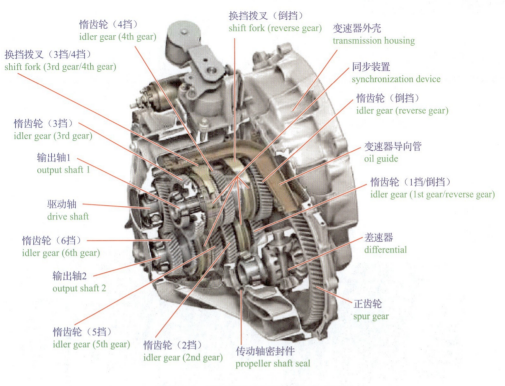

图3-11 变速器剖面图（动力输出侧）

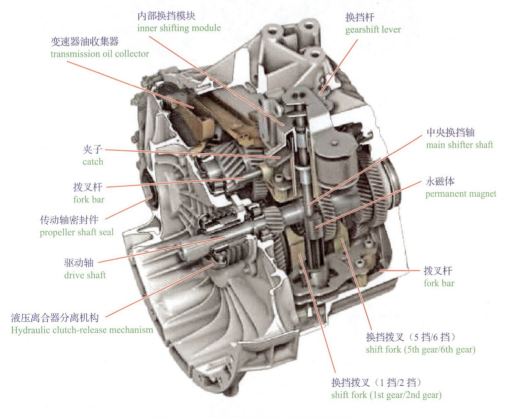

图3-12 变速器剖面图（发动机连接侧）

3.2.5 自动变速器

与手动挡汽车不同，自动挡汽车的发动机和变速器之间没有传统意义上的离合器，取而代之的是液力变矩器这个机构（主要用于行星齿轮式自动变速器与部分无级变速器）。液力变矩器靠工作液（油液）传递扭矩，外壳与泵轮连为一体，是主动件；涡轮与泵轮相对，是从动件。当泵轮转速较低时，涡轮不能被带动，主动件与从动件之间处于分离状态；随着泵轮转速的提高，涡轮被带动，主动件与从动件之间处于接合状态。液力变矩器组成部件及内部结构如图3-13所示。

图3-13 液力变矩器组成部件及内部结构

行星齿轮变速器是用行星齿轮机构实现变速的变速器。它通常安装在液力变矩器的后面，两者共同组成液力自动变速器。行星齿轮机构因形似太阳系，因此得名。它的中央是太阳齿轮，太阳齿轮的周围有几个围绕其旋转的行星齿轮，在行星齿轮之间有一个共用的行星架，在行星齿轮的外面有一个大齿圈。应用较多的行星齿轮组有辛普森齿轮机构（Simpson gearset）、拉维列奥克斯齿轮机构（Ravigneaux gearset）和莱派特齿轮机构（Le Pelletier gearset）。

如图3-14所示为奔驰9挡自动变速器内部结构，相应部件中英文名称如表3-1所示。

3.2.6 双离合变速器

双离合变速器有别于一般的自动变速器，基于手动变速器，而不是自动变速器。它除拥有手动变速器的灵活性及自动变速器的舒适性外，还能提供无间断的动力输出。按离合器的类型，双离合变速器可分为湿式双离合变速器、干式双离合变速器，两者不同之处在于双离合器摩擦片的冷却方式：湿式离合器的两组离合器片在一个密封的油槽中，通过浸泡离合器片的变速器油吸收热量,而干式离合器的摩擦片没有密封油槽,需要通过风冷散热。

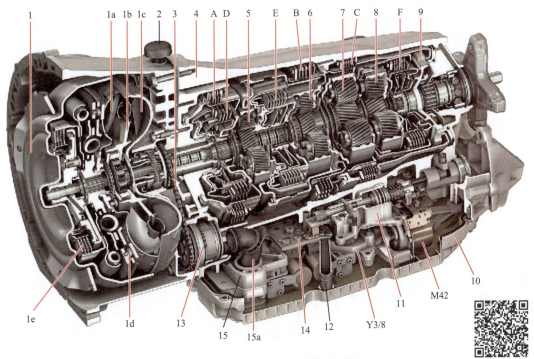

图3-14 奔驰9挡自动变速器内部结构

表3-1 奔驰9挡自动变速器部件名称

序号	中文名称	英文名称
1	变矩器盖	torque converter cover
1a	涡轮	turbine wheel
1b	定子	stator
1c	叶轮	impeller
1d	离心摆	centrifugal pendulum
1e	变矩器锁止离合器	torque converter lockup clutch
2	变速器外壳通风口	transmission housing ventilation
3	机油泵链条传动	oil pump drive chain
4	变速器外壳	transmission housing
5	行星齿轮组1	planetary gear set 1
6	行星齿轮组2	planetary gear set 2
7	行星齿轮组3	planetary gear set 3
8	行星齿轮组4	planetary gear set 4
9	驻车锁装置	park pawl gear
10	油底壳	oil pan
11	活塞外壳(驻车锁促动器)	piston housing for park pawl actuation
12	导管	guide tube
13	油泵	oil pump
14	全集成化变速器控制系统触点支架	supporting body of VGS
15	护盖/换挡阀体	cover/shift valve housing

续表

序号	中文名称	英文名称
15a	压力管和吸油管	pressure and intake pipes
M42	电动辅助油泵	electric transmission oil pump
Y3/8	全集成化变速器控制系统控制单元	fully integrated transmission controller unit
A	多盘式制动器 B08	multidisk brake B08
B	多盘式制动器 B05	multidisk brake B05
C	多盘式制动器 B06	multidisk brake B06
D	多盘式离合器 K81	multidisk clutch K81
E	多盘式离合器 K38	multidisk clutch K38
F	多盘式离合器 K27	multidisk clutch K27

双离合变速器在不同的汽车厂商那里有不同的名称，如大众 DSG、奥迪 S Tronic、宝马 M DKG 或 M-DCT。双离合器结构如图 3-15 所示。

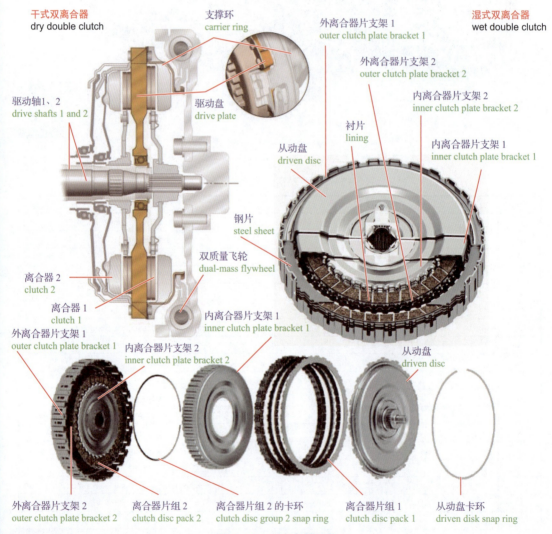

图3-15 双离合器结构

图3-16是大众6挡和7挡DSG动力传递图。6挡DSG的离合器1控制1挡、3挡、5挡及倒挡，离合器2控制2挡、4挡、6挡的切换；7挡DSG的离合器1负责控制1挡、3挡、5挡、7挡；离合器2负责控制2挡、4挡、6挡和倒挡。

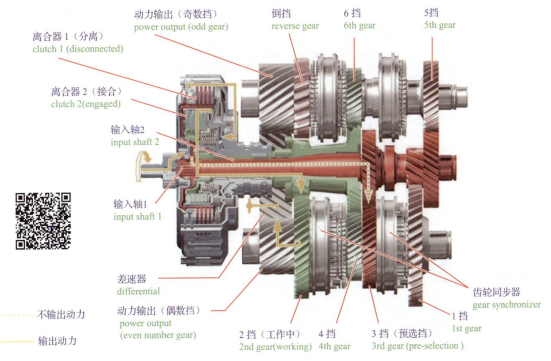

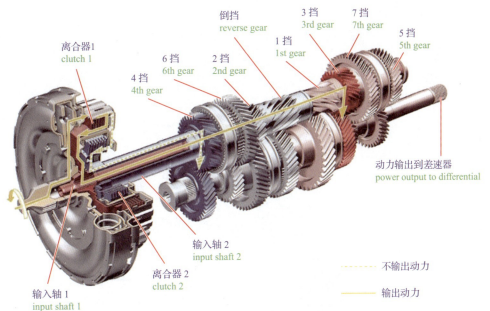

图3-16　大众6挡和7挡DSG动力传递图

7挡DSG是采用三根轴的全同步滑动套筒变速器。这款变速器原则上由两个完全独立的分变速器构成。每个分变速器的工作原理与传统手动变速器相同，各自配有一个膜片式离合器。两个膜片式离合器由机械电子单元根据挂入的挡位接合和断开：挂入1挡、3挡、5挡或7挡时，通过离合器1进行动力传输；挂入2挡、4挡、6挡或倒车挡时，通过离合器2进行动力传递。7挡DSG动力传递如图3-17所示。

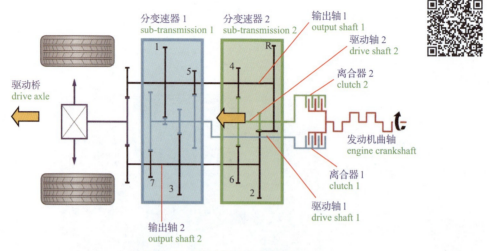

图3-17　7挡DSG动力传递图

3.2.7　钢带式无级变速器

钢带式无级变速器是在片状钢带上镶了许多V形钢片，用来取代橡胶皮带，这样就解决了皮带寿命短的问题。同时，这种新型无级变速器还装有由微机控制的液压调整和变速比调整机构，可以根据驾驶员的爱好（节油或大动力）及发动机的工作状况，把液压和变速比自动调整到最佳状态。

奔驰722.8无级变速器剖面图如图3-18、图3-19所示。

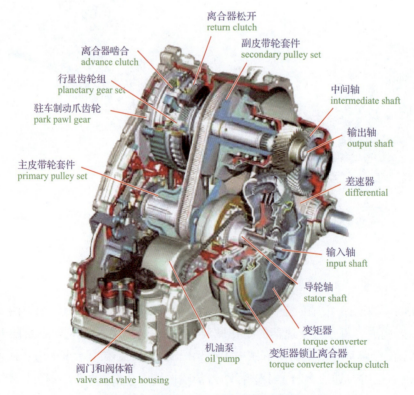

图3-18　奔驰722.8无级变速器剖面图（1）

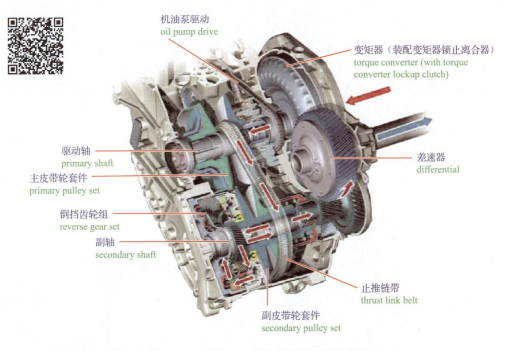

图3-19 奔驰722.8无级变速器剖面图（2）

3.2.8 四轮驱动

四轮驱动，顾名思义，就是采用四个车轮作为驱动轮，简称"四驱"（4 wheel drive，4WD），也有人称为"全轮驱动"，英文简称"AWD"，或车身标记为"4×4"，都表示该车带有四轮驱动功能。四轮驱动可以细分成三种驱动模式：全时（full-time）驱动、分时（part-time）驱动、适时（real-time）驱动。

四轮驱动汽车的四个车轮都可以驱动汽车，如果在复杂路段前轮或后轮打滑时，另外两个车轮可以继续驱动汽车行驶，有利于摆脱困境。在冰雪或湿滑的路面行驶时，四轮驱动汽车不容易出现打滑现象，比一般的两轮驱动车型稳定。典型的四轮驱动汽车底盘结构如图3-20所示。

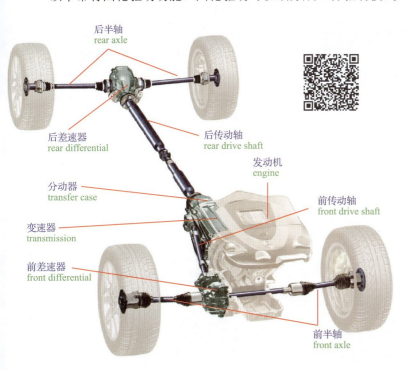

图3-20 四轮驱动汽车底盘结构

分时四轮驱动是由驾驶员手动切换的驱动模式,驾驶员可通过接通或断开分动器来选择两轮驱动或四轮驱动模式。这是 SUV 车型中最常见的驱动模式,其优点是既能保证车辆的动力性和通过性,又能兼顾燃油经济性,略显不足的是驾驶员需要自行判断路况,手动调节驱动模式。这种驱动模式可以分为基于前置后驱车型和基于前置前驱车型的两种。发动机的动力按照变速器、分动器、前后传动轴、主减速器和差速器、驱动轴、车轮的顺序进行传输。典型的分时四轮驱动汽车底盘结构如图 3-21 所示。

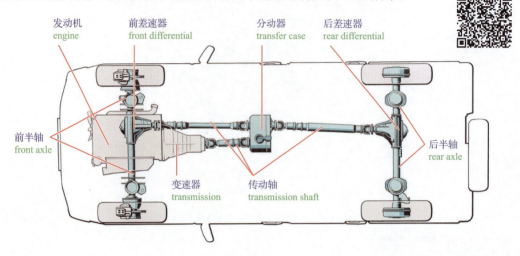

图3-21 分时四轮驱动汽车底盘结构

适时四轮驱动就是根据车辆的行驶路况,系统自动切换两轮驱动或四轮驱动模式,不需要人为控制。驾驶适时四轮驱动汽车其实跟驾驶两轮驱动汽车没有太大的区别,操控简便,而且油耗相对较低,广泛应用于一些城市 SUV 或轿车上。

在适时四轮驱动汽车的传动系统中,从前驱动桥(简称"前桥")引出一根传动轴,通过一个多片耦合器连接到后驱动桥(简称"后桥")。当主驱动轮失去抓地力(打滑)后,另外的驱动轮才会被动介入,所以响应速度较慢。适时四轮驱动系统结构如图 3-22 所示。

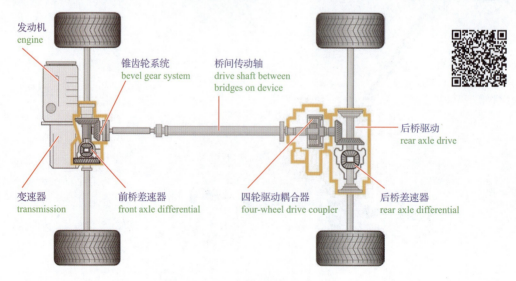

图3-22 适时四轮驱动系统结构

全时四轮驱动就是指汽车的四个车轮随时都能提供驱动力。全时四轮驱动不存在两轮驱动和四轮驱动之间切换的响应时间，车辆的主动安全性更好，不过相对于适时四轮驱动来说，油耗较高。全时四轮驱动汽车的传动系统中设置了一个中央差速器，发动机动力先传递到中央差速器，再将动力分配到前桥和后桥。全时四轮驱动车型底盘结构如图 3-23 所示。

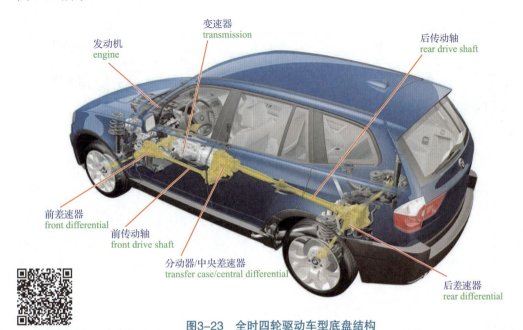

图3-23　全时四轮驱动车型底盘结构

3.2.9　传动轴与驱动轴

传动轴是汽车传动系统中传递动力的重要部件，它的作用是与变速器、驱动桥一起将发动机的动力传递给车轮，使汽车产生驱动力。汽车底盘中的传动轴如图 3-24 所示。传动轴由轴管、伸缩套和万向节组成。伸缩套能自动调节变速器与驱动桥之间距离。万向节保证变速器输出轴与驱动桥输入轴两条轴线夹角的变化，并实现两轴的等角速传动。

图3-24　汽车底盘中的传动轴

万向节是汽车传动轴上的关键部件。在前置发动机后轮驱动的车辆上，万向节传动轴安装在变速器输出轴与驱动桥主减速器输入轴之间；而前置发动机前轮驱动的车辆省略了传动轴，万向节安装在既负责驱动又负责转向的前半轴与车轮之间。

十字轴式万向节是目前汽车上应用最多的万向节。它以十字轴为中心，两端分别连接一个万向节叉，这样即使两个万向节叉之间有夹角，动力依然可以传递过去。它的工作特性是，当主动轴等速旋转时，从动轴的转速（角速度）是不均匀的。所以，为了等速转动，传动轴两端必须安装两个万向节，并且满足两个条件，即传动轴两端的万向节叉应在一个平面内，主动轴和从动轴与传动轴的夹角应该相等。十字轴式万向节实物与部件分解如图 3-25 所示。

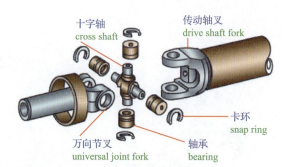

图3-25　十字轴式万向节实物与部件分解

球笼式万向节工作时 6 个钢球都参与传力，故承载能力强、磨损小、寿命长。它被广泛应用于各种型号的转向驱动桥和独立悬架的驱动桥。球笼式万向节实物与部件分解如图 3-26 所示。

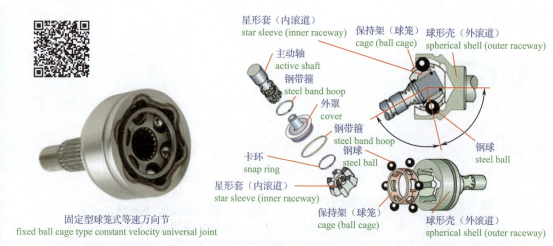

图3-26　球笼式万向节实物与部件分解

三枢轴式万向节工作时，动力由半轴输入，经球叉、传力球、球销，最后由球笼输出。其结构较紧凑。三枢轴式万向节实物与部件分解如图 3-27 所示。

3.2.10　差速器与减速器

驱动桥的主要构件为差速器与减速器总成，差速器与减速器总成由差速器与减速器组成，后轮驱动汽车安装在后桥上，前轮驱动汽车安装在变速器内部。差速器是实现左驱动轮、右驱动轮以不同转速转动的机构。差速器与减速器总成结构及组成部件如图 3-28 所示。

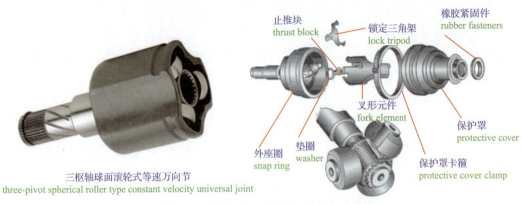

图3-27 三枢轴式万向节实物与部件分解

图3-28 差速器与减速器总成结构及组成部件

减速器将变速器输出的动力进一步减速，增加扭矩，并改变旋转方向。减速器主要由主动锥齿轮、从动锥齿轮、轴承座与减速器壳等组成，通过小轮带大轮，达到减速增加扭矩的作用。差速器主要由差速器壳、行星齿轮、半轴齿轮、行星齿轮轴等组成。差速器左右轮的转速是不一样的，一侧车轮静止，另一侧车轮转动的速度加倍。布置在前桥（前轮驱动汽车）和后桥（后轮驱动汽车）的差速器，可分别称为"前差速器"和"后差速器"，如果安装在四轮驱动汽车的中间传动轴上，调节前后轮的转速，则称为"中央差速器"。

第3节　行驶系统

3.3.1　概述

常见的车辆行驶系统有轮式、半履式、车轮－履带式及水陆两用式等多种类型，其中应用最为广泛的是轮式行驶系统。轮式行驶系统主要由车架、车桥、悬架和车轮组成。

车架是连接各车桥，形似桥梁的一种结构，是所有汽车部件的安装基础。汽车车架按结构形式可分为边梁式车架、中梁式车架、综合式车架和无梁式车架。图3-29所示为轻便客货两用车底盘行驶系统结构。除强调越野性能的越野车型具备非承载式车身外，一般小型车都没有单独的车架，而以车身代替车架，主要部件连接在车身上，这种车身称为承载式车身。

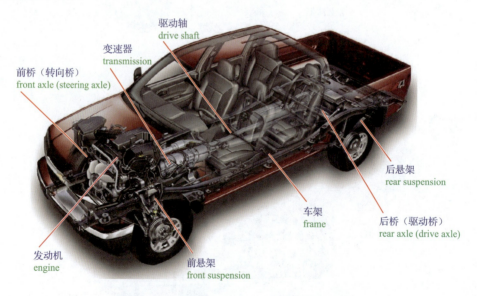

图3-29　轻便客货两用车底盘行驶系统结构

车桥的功用是传递车架或承载式车身与车轮之间各方向的作用力。车桥分为转向桥、驱动桥、转向驱动桥和支持桥四种类型。

车轮是外部装轮胎、中心装车轴并承受负荷的旋转部件，由轮毂、轮辋和轮辐组成。按轮胎的不同结构，汽车轮胎可分为子午线轮胎和斜交轮胎两种。

汽车悬架是车架、车轮与车桥、车身之间传递动力连接装置的统称。汽车悬架弹性连接车桥与车身，减缓车辆行驶时受到的冲击力，保证人员乘坐舒适和货物完好；迅速降低由于弹性系统引起的震动，传递垂直、纵向、侧向反作用力及其力矩；起导向作用，使车轮按一定轨迹相对车身运动。

3.3.2 悬架类型

悬架也称"悬挂"，悬架系统是汽车的车架与车桥或车轮之间的一切传递动力连接装置的总称，其功能是传递作用在车轮和车架之间的力和力矩，并且缓冲由不平路面传给车架或车身的冲击力，并衰减由此引起的震动，以保证汽车平顺行驶。图3-30所示为汽车悬架系统安装位置。

汽车的悬架系统分为非独立悬架和独立悬架两种。非独立悬架的车轮装在一根整体车轴的两端，当一边车轮跳动时，另一边车轮也相应跳动。此种悬架在现在的轿车中基本上已不再使用，多用在货车和大客车上。独立悬架的车轴分成两段，每只车轮由螺旋弹簧独立安装在车架下面，当一边车轮发生跳动时，另一边车轮不受影响，两边的车轮可以独立运动。独立悬架系统可分为麦弗逊式、双叉臂式、多连杆式、扭杆梁式等。

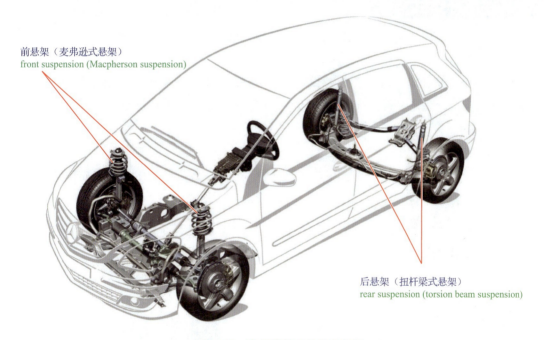

图3-30 汽车悬架系统安装位置

3.3.3 麦弗逊式悬架

麦弗逊式悬架是当今应用最广泛的轿车前悬架之一，一般用于轿车的前轮。麦弗逊式悬架由螺旋弹簧、减震器、三角形下摆臂组成，绝大部分车型会加上横向稳定杆。麦弗逊式前悬架组成部件及结构如图3-31所示。

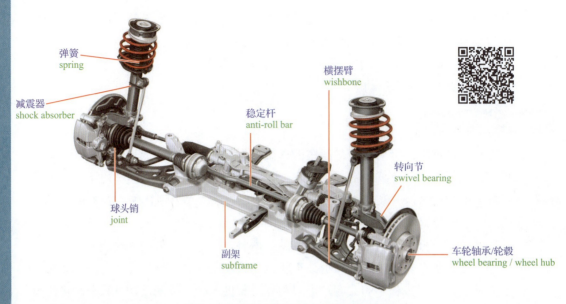

图3-31 麦弗逊式前悬架组成部件及结构

3.3.4 扭杆梁式悬架

汽车悬架的金属弹簧有三种形式,分别是螺旋弹簧、钢板弹簧和扭杆弹簧。扭杆弹簧一端与车架固定连接,另一端与悬架控制臂连接,通过扭杆的扭转变形起到缓冲作用。扭杆用合金弹簧钢做成,具有较高的弹性,既可扭曲变形又可复原,实际上具有与螺旋弹簧相同的作用,只是表现形式不同而已。扭杆梁式悬架如图3-32所示。

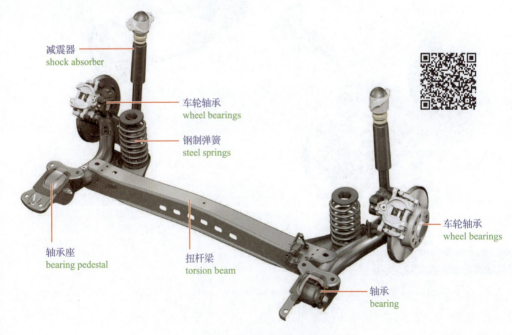

图3-32 扭杆梁式悬架

3.3.5 双叉臂式悬架

双叉臂式悬架是独立悬架的一种，也叫双叉骨、双愿骨（double wish bone）悬架。双叉臂式悬架拥有上下两个不等长的摇臂，双叉臂的臂做成A字形或V字形。V形臂的上下两个V形摆臂的一端以一定的距离分别安装在车轮上，另一端安装在车架上。双叉臂式悬架（大众途锐前悬架）结构如图3-33所示。

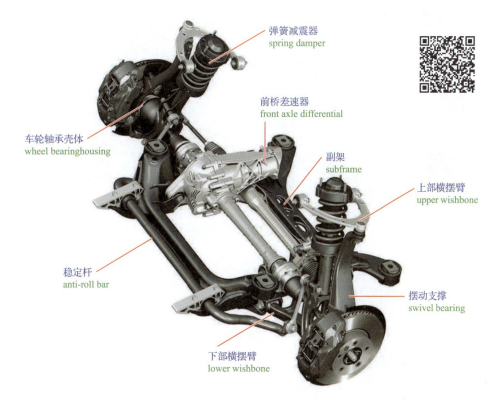

图3-33 双叉臂式悬架（大众途锐前悬架）结构

3.3.6 多连杆式悬架

多连杆式悬架是由连杆、减震器和减震弹簧组成的，它的连杆比一般的悬架多些。按惯例，人们一般把四连杆或更多连杆结构的悬架称为多连杆式悬架。四连杆式悬架结构及组成部件如图3-34所示。

五连杆式前悬架的五根连杆分别为上控制臂（分上前和上后）、导向杆、支撑杆和转向拉杆，五连杆式后悬架的五根连杆分别为主控制臂、前置定位臂、后置定位臂、上臂和下臂。其中，主控制臂可以起到调整后轮前束的作用，以提高车辆行驶稳定性，有效降低轮胎的摩擦。五连杆式前悬架如图3-35所示。

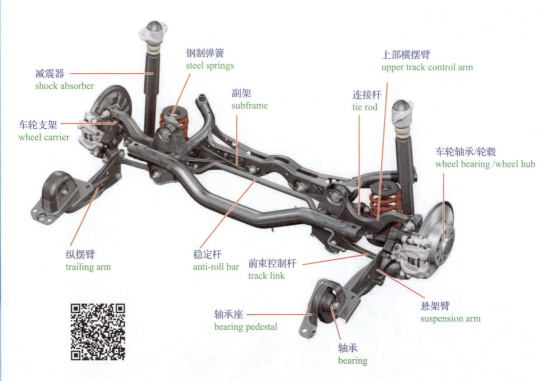

图3-34 四连杆式悬架结构及组成部件

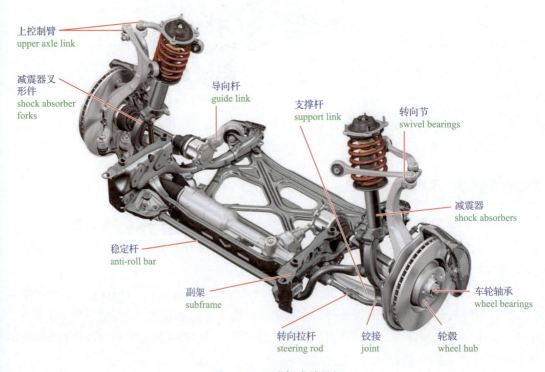

图3-35 五连杆式前悬架

3.3.7　稳定杆与减震器

稳定杆又称"防倾杆",作用是防止车身在转弯时发生过大的横向侧倾。稳定杆是用弹簧钢制成的扭杆弹簧,呈"U"形,横置在汽车的前端和后端。杆身的中部用套筒与车架铰接,杆的两端分别固定在左右悬架上。汽车转弯时,外侧悬架压向稳定杆,稳定杆弯曲变形产生的弹力可防止车轮抬升,从而使车身保持平衡。汽车的减震系统是由弹簧和减震器共同组成的。减震器并不是用来支持车身质量的,而是用来抑制弹簧吸震后反弹时的震荡和吸收路面冲击的能量。稳定杆与减震器如图 3-36 所示。

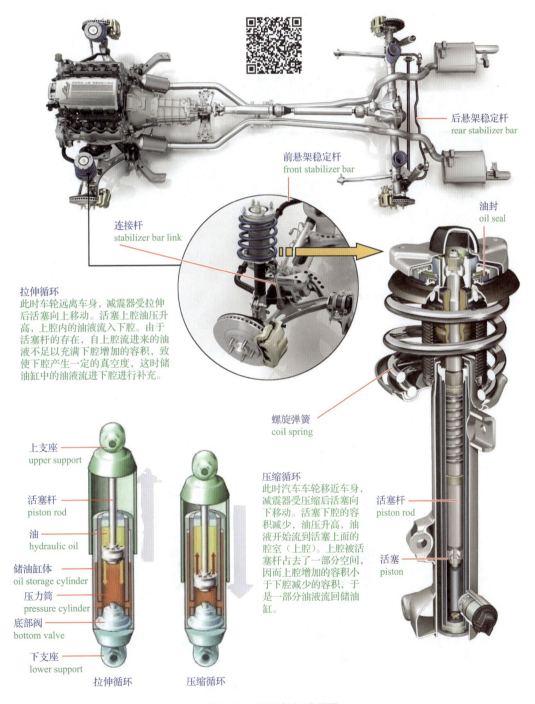

图3-36　稳定杆与减震器

3.3.8 空气悬架

空气悬架是一种可调节式的车辆悬架，很容易实现车身自动水平调节。空气悬架的特性如图3-37所示。

空气悬架具有舒适性，不论载荷多大，车身固有的振动频率基本保持恒定。

通过改变弹簧内的空气压力，空气悬架可以改变车辆高度，因此通过性较强。

空气悬架保证车辆行驶时具有较强的稳定性，不论车辆载荷多大，减震器的衰减度保持恒定，车身高度也保持恒定。

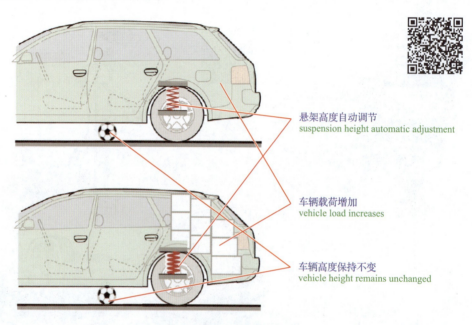

图3-37 空气悬架的特性

空气悬架主要由控制计算机、吸气孔、排气孔、气动前后减震器和空气分配器等组成。宝马7系空气悬架如图3-38所示。

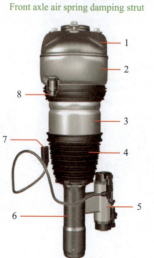

前桥空气弹簧减震支柱
Front axle air spring damping strut

后桥空气弹簧减震支柱
Rear axle air spring damping strut

1. 上部件顶部 upper part top
2. 下部件顶部 top of the lower part
3. 膜片折叠气囊 diaphragm folding airbag
4. 防尘套 dust cover
5. 电子减震器控制系统（EDC）调节阀 EDC control valve
6. 减震器筒 shock absorber tube
7. 减震器调节装置电气接口 electrical interface of shock absorber adjustment device
8. 带集成式剩余压力保持阀的气动接口 pneumatic interface with integrated residual pressure holding valve

图3-38 宝马7系空气悬架

3.3.9 车轮与轮胎

车轮通常主要由轮辋和轮辐等组成，轮辋是在车轮上安装和支撑轮胎的部件，轮辐是在车轮上介于车轴和轮辋之间的支撑部件。除上述部件外，车轮有时还包含轮毂。车轮结构如图 3-39 所示。

轮辋和轮辐可以是整体的、永久连接的或可拆卸的。

轮辐是保护车轮的轮毂、辐条的装置，其特征是一对圆形罩板，罩板的直径和轮圈的直径接近。按照轮辐的结构，车轮可分为辐板式和辐条式，目前主流的家用轿车均采用辐板式轮辐结构。

轮毂是轮胎内廓支撑轮胎的圆桶形的、中心装在轴上的金属部件，又叫轮圈。

图3-39 车轮结构

根据胎体帘线层排列的不同，轮胎分为子午线轮胎和斜交轮胎，其结构特点如图 3-40 所示。轿车用轮胎几乎都是子午线轮胎。

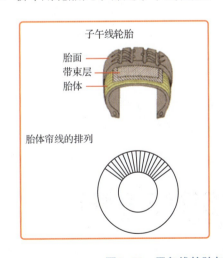
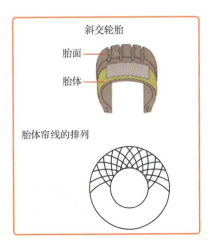

图3-40 子午线轮胎与斜交轮胎的结构特点

无内胎轮胎是以在轮胎的内侧贴合透气性低的特殊橡胶（内衬）的一体化构造代替内胎的轮胎。因为没有内胎，所以这种轮胎不会发生由内胎引起的故障，即使被钉子等刺穿也不容易造成快速漏气的现象，能够在行驶中防患于未然。无内胎轮胎内部的空气直接与轮辋接触，所以散热性较好。有内胎轮胎与无内胎轮胎的区别如图 3-41 所示。

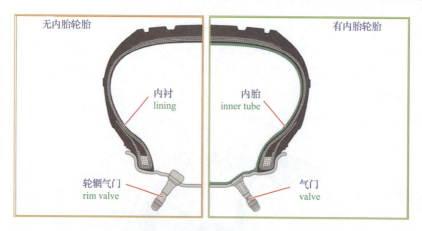

图3-41　有内胎轮胎与无内胎轮胎的区别

在轮胎侧面，子午线轮胎有"RADIAL"字样，无内胎轮胎有"TUBELESS"字样。汽车轮胎常见标识及含义如图 3-42 所示。轮胎载重指数如表 3-2 所示。轮胎速度等级如表 3-3 所示。

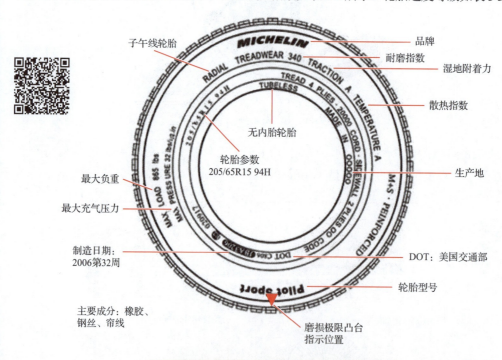

①205：轮胎断面宽（mm）；②65：扁平率（%）；③R：轮胎构造标记（子午线）；④15：轮辋直径（in）；⑤94：载重指数（见表3-2）；⑥H：速度代码（210 km/h）

图3-42　轮胎常见标识及含义（无内胎轮胎）

表3-2 轮胎载重指数

载重指数	62	63	64	65	66	67	68	69	70	71	72	73	74
每条轮胎载重（kg）	265	272	280	290	300	307	315	325	335	345	355	365	375
载重指数	75	76	77	78	79	80	81	82	83	84	85	86	87
每条轮胎载重（kg）	387	400	412	425	437	450	462	475	487	500	515	530	545
载重指数	88	89	90	91	92	93	94	95	96	97	98	99	100
每条轮胎载重（kg）	560	580	600	615	630	650	670	690	710	730	750	775	800
载重指数	101	102	103	104	105	106	107	108	109	110	111	112	113
每条轮胎载重（kg）	825	850	875	900	925	950	975	1000	1030	1060	1090	1120	1150
载重指数	114	115	116	117	118	119	120	121	122	123	124	125	
每条轮胎载重（kg）	1180	1215	1250	1285	1320	1360	1400	1450	1500	1550	1600	1650	

表3-3 轮胎速度等级

速度符号	J	K	L	M	N	P	Q	R	S	T	H	V	W	Y	VR	ZR
速度（km/h）	100	110	120	130	140	150	160	170	180	190	210	240	270	300	>210	>240

轮胎生产日期标识及含义如图3-43所示。

0803：制造日期-2003年第8周

图3-43 轮胎生产日期标志及含义

图3-43中的DOT表示此轮胎符合美国交通部（Department of Transportation，DOT）规定的安全标准。"DOT"后面紧接的数字及字母表示此轮胎的识别号码或序列号。图3-44为常见的轮胎强制认证标志。

中国强制性产品认证（China Compulsory Certification，CCC），简称"3C认证"，图中的"S"表示安全认证。

INMETRO（巴西）

ECE（欧洲）

CCC（中国）

图3-44 常见的轮胎强制认证标志

3.3.10 车轮定位

车辆的车轮、转向机构、前后车轴之间有一定的相对位置，是由厂家制定的标准值。调整恢复这个位置，就是四轮定位（车轮定位）。车轮定位的作用是使汽车保持稳定的直线行驶和转向轻便，减少汽车在行驶中轮胎和转向机件的磨损。前轮定位包括主销后倾角、主销内倾角、前轮外倾角和前轮前束四个内容。后轮定位包括车轮外倾角和逐个后轮前束。

主销后倾角是指在车辆纵轴方向上，转轴轴线与经过车轮中心的路面垂直线之间形成的倾角。主销后倾偏距是指转轴轴线与经过车轮中心的垂直线在路面上形成的交点间的距离。主销后倾为正时，车轮接地点在转轴与路面的交点之后（车轮被拉动）。正的主销后倾有助于车辆转向稳定。主销后倾为负时，车轮接地点在转轴与路面的交点之前（车轮被推动）。负的主销后倾有利于提供转向轻便性。正的主销后倾有助于车轮回转到直线行驶位置。主销后倾误差将导致车辆跑偏。

主销后倾角和主销后倾偏距如图3-45所示。

主销内倾角是指在车辆横向方向上，转轴（减震支柱转轴）中心线与路面垂直线之间的夹角。

在麦弗逊式烛式独立悬架上，主销内倾角与车轮外倾角形成的总角度（夹角）在弹簧压缩与伸长时保持不变。车轮转动一个角度时，主销内倾角使车辆升高。主销内倾角产生回转力，驶过弯道后，回转力使车轮和转向盘重新回到直线行驶位置。主销内倾角误差将导致车辆跑偏。主销内倾角如图3-46所示。

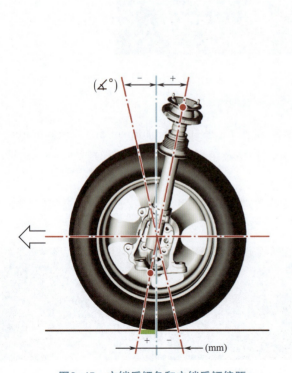

图3-45 主销后倾角和主销后倾偏距

图3-46 主销内倾角

主销横偏距是指从车轮接触的地面与车轮中心平面的交线至减震支柱转轴与地面交点间的距离。车辆不同，主销横偏距可以为正、负或零。主销横偏距为正且较大时，滚动阻力对已转向的车轮影响较大。路面附着系数不断变化或车轮负荷不同时，受影响较大的车轮将承担导向任务，这会使方向稳定性较差。汽车厂家在设计上已尽可能采用较小的主销横偏距。主销横偏距如图 3-47 所示。

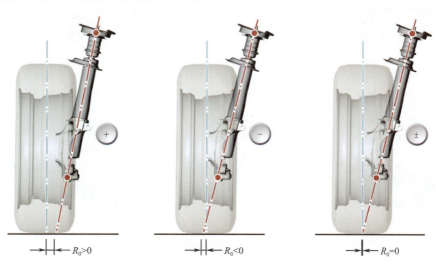

图3-47　主销横偏距

车轮外倾角是车轮中心平面与垂直面的倾斜角，如图 3-48 所示。车轮上部向外倾斜时，车轮外倾角为正。车轮上部向内倾斜时，车轮外倾角为负。车轮外倾角误差将导致车辆持续跑偏。前桥调整为负车轮外倾角时，会使车辆总行驶性能表现为转向过度。前桥调整为正车轮外倾角时，会使车辆总行驶性能表现为转向不足。

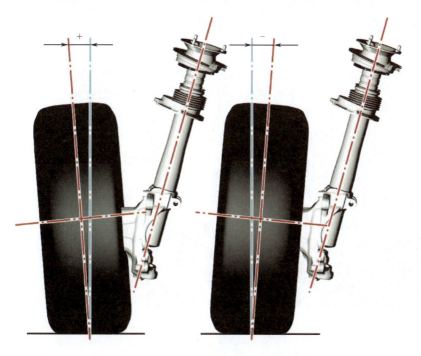

图3-48　车轮外倾角

一个车桥的总前束由该车桥上两个车轮之间的前部距离与后部距离的差值确定。如图 3-49 所示，在轮辋边缘处测量距离。前桥上的单个车轮前束是指单个车轮相对几何行驶轴线的夹角。后桥上的单个车轮前束是指单个车轮相对车辆纵向中心平面的夹角。前束误差不会导致车辆持续跑偏。

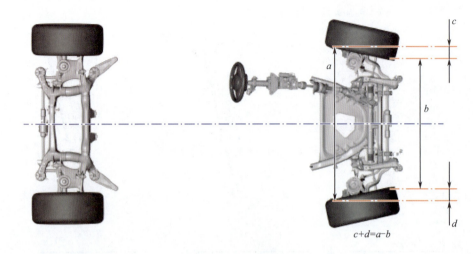

图3-49　车轿总前束

第4节　转向系统

3.4.1　概述

用来改变或保持汽车行驶或倒退方向的一系列装置称为汽车转向系统。汽车转向系统的功能就是按照驾驶员的意愿控制汽车的行驶方向。现在汽车用得最多的为齿轮齿条式和循环球式转向系统。图 3-50 所示为齿轮齿条式液压助力转向系统，其工作原理如图 3-51 所示。

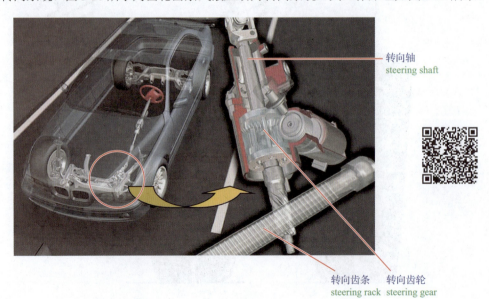

图3-50　齿轮齿条式液压助力转向系统

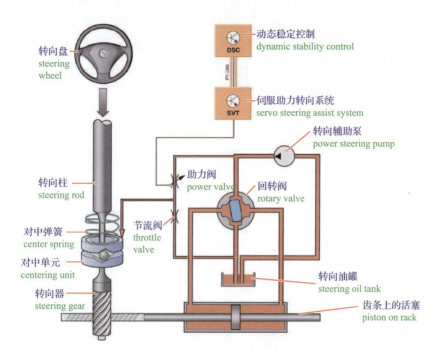

图3-51 齿轮齿条式液压助力转向系统工作原理

3.4.2 齿轮齿条式转向机构

齿轮齿条式转向机构主要由小齿轮、齿条、传感器、助力电机及控制单元组成。（双）齿轮齿条式转向机构如图3-52所示。

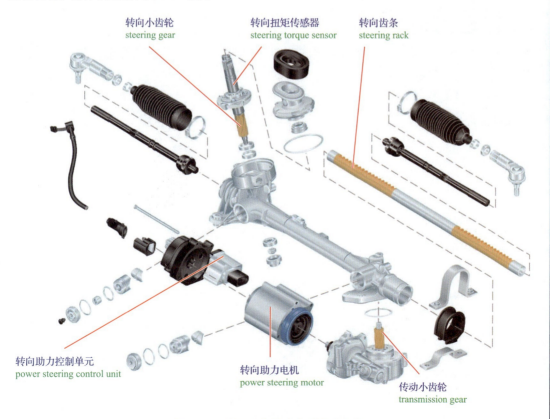

图3-52 （双）齿轮齿条式转向机构

转向器由转向扭矩传感器、转向柱、转向小齿轮、传动小齿轮、蜗杆传动装置及带控制单元的电机等构成。在双小齿轮电子控制机械助力转向系统中，由转向小齿轮和传动小齿轮将必需的转向力传递给转向齿条。驾驶员施加的扭矩通过转向小齿轮来传递，而蜗杆传动装置传递电子控制机械助力转向系统电机的支持扭矩。这个用于转向支持的电机带有控制单元和传感器，安装在第二个小齿轮上。这样就建立了转向盘和转向齿条之间的机械连接。因此，当伺服电机失灵时，车辆仍可以通过机械传动转向。双小齿轮转向器工作原理如图3-53所示。

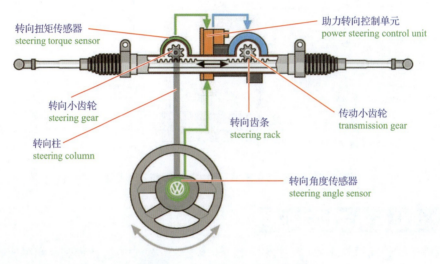

图3-53　双小齿轮转向器工作原理

3.4.3　循环球式转向机构

以带有平行轴传动机构和循环球式转向器的电动助力转向机构为例，其部件包括：转向盘、带有转向角传感器的转向柱开关、转向柱、转向力矩传感器、转向器（循环球式）、电动机械助力转向电机（同步电机）、转向助力控制单元、十字轴式万向节轴。电动助力转向机构部件如图3-54所示。

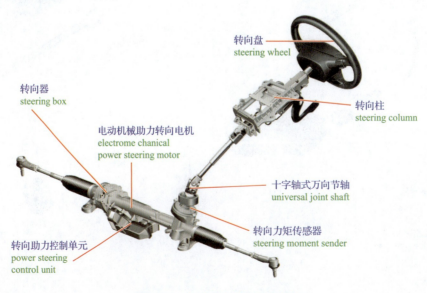

图3-54　电动助力转向机构部件

带有平行轴传动机构和循环球式转向器的电动助力转向机构，是目前效率最高的转向机构之一。这种转向机构的助力单元结构特别，自身摩擦很小，转向感极佳，同时冲击很小。道路的侧面冲击因循环球式转向器和电机的惯性质量被过滤掉了。图3-55为循环球机构剖视图。

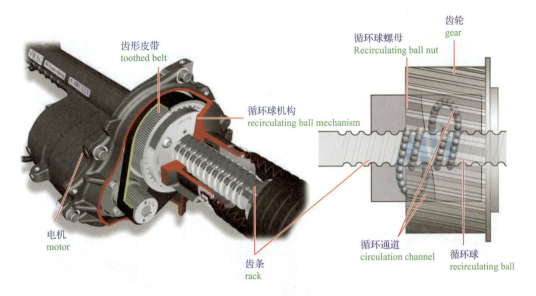

图3-55　循环球机构剖视图

电动助力转向机构部件分解如图 3-56 所示。

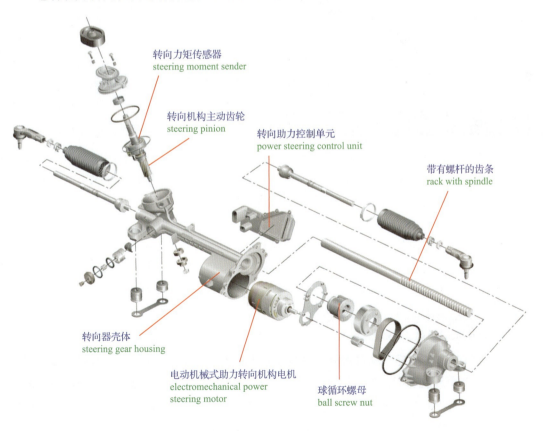

图3-56　电动助力转向机构部件分解

3.4.4　机械液压助力转向系统

机械液压助力转向系统主要包括齿轮齿条转向机构和液压系统两部分，如图3-57所示。它的工作原理是通过液压泵（由发动机皮带带动）提供油压，推动活塞，进而产生辅助力推动转向拉杆，辅助车轮转向。

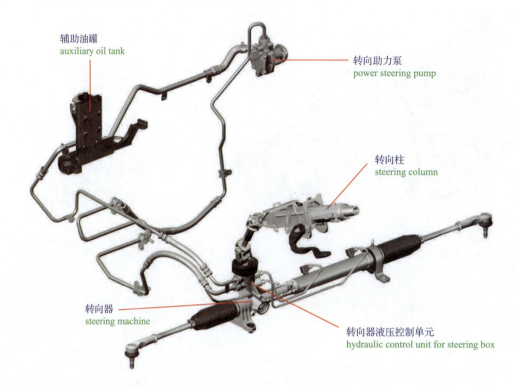

图3-57　机械液压助力转向系统

3.4.5　电动液压助力转向系统

电动液压助力转向系统的结构与原理同机械液压助力转向系统的结构与原理大体相同，最大的区别在于提供油压的油泵的驱动方式不同。机械液压助力转向系统的液压泵直接通过发动机皮带驱动，而电动液压助力转向系统采用由电力驱动的电动齿轮泵。电动液压助力转向系统组成部件如图3-58所示。

为液压提供助力的电动齿轮泵不消耗发动机本身的动力，由电子系统控制，不需要转向时可以关闭，进一步减少能耗。电动液压助力转向系统的电子控制单元，接收车速传感器、转向角度传感器等传感器的信息，通过改变电动齿轮泵的流量来改变转向助力的大小。

3.4.6　电子助力转向系统

电子助力转向系统可以自由确定转向助力与回位力，因此系统可根据相应行驶状况以最佳方式调整转向和行驶性能。下部转向轴和上部转向轴以伸缩套管形式结合在一起，在正面碰撞时可防止驾驶员受到严重伤害。利用机械转向柱调节装置，驾驶员可根据座椅位置和身高调节转向盘位置。电子助力转向系统如图3-59、图3-60所示。

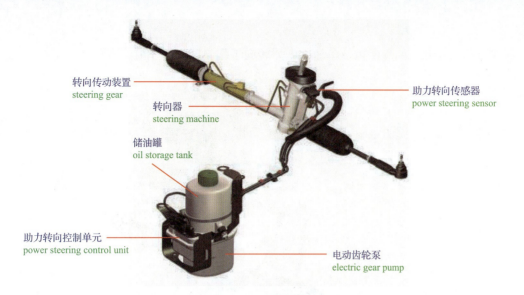

图3-58 电动液压助力转向系统组成部件

图3-59 电子助力转向系统（1）

如图3-60所示，电子助力转向系统是一个12 V转向系统，最大助力功率为0.3 kW。电子助力转向系统由控制单元和一个交流电机组成。一个转换器可将12 V电压的直流电转化为用于控制电机的三相交流电，通过平行于输入轴的电子助力转向系统产生转向助力。为了避免因温度变化在组件内形成冷凝物，输入轴旁带有一个壳体通风装置，该装置可防止电子系统损坏。

电子助力转向系统的转向力矩支持由驾驶员施加在转向盘上的力矩（手动力矩）决定。为了能够根据手动力矩明确计算出助力力矩（电机驱动力矩），可以通过一个力矩传感器测量手动力矩。力矩传感器位于输入轴与小齿轮轴之间。对转向助力产生影响的其他因素包括路面与轮胎间的静摩擦及车速。助力转向工作原理如图3-61所示。

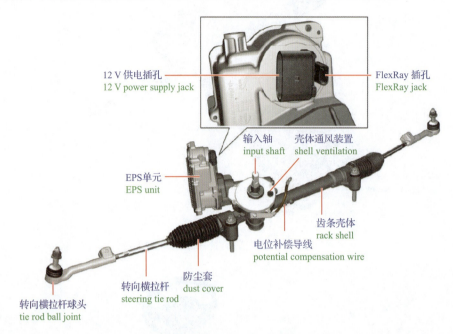

图3-60 电子助力转向系统（2）

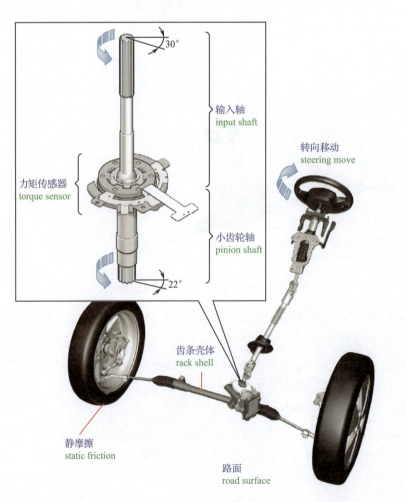

图3-61 助力转向工作原理

第5节 制动系统

3.5.1 概述

制动系统的作用就是让行驶中的汽车按驾驶员意愿减速或停车。其工作原理是将汽车的动能通过摩擦转换成热能。汽车制动系统主要由供能装置、控制装置、传动装置和制动器等部分组成。汽车制动系统部件如图3-62所示。

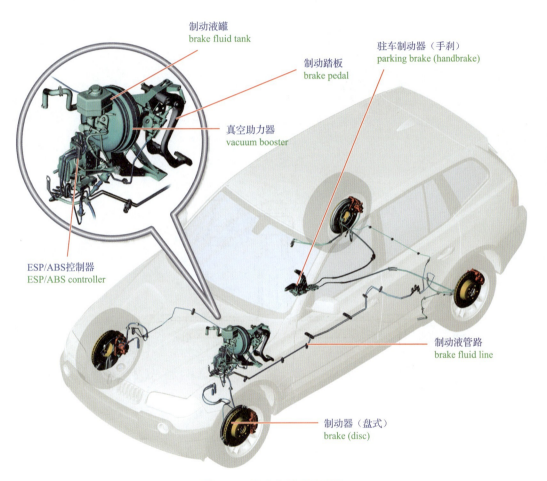

图3-62 汽车制动系统部件

3.5.2 液压制动系统

制动踏板被踩下后,在真空助力器的帮助下,制动总泵进行活塞运动,油路的油压增加,压力通过制动液传递到每个车轮的制动器活塞,于是制动钳动作,利用制动块夹紧制动盘,产生摩擦,形成使车辆减速或停止的制动力矩。液压制动系统组成部件如图3-63所示。液压制动系统原理如图3-64所示。

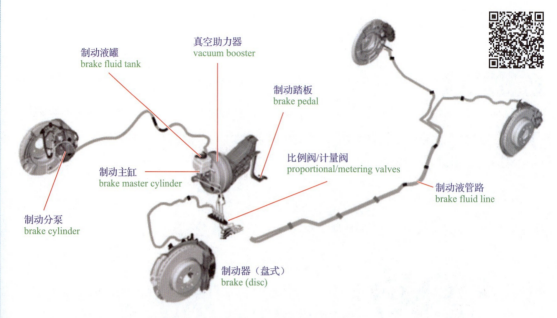

图3-63 液压制动系统组成部件

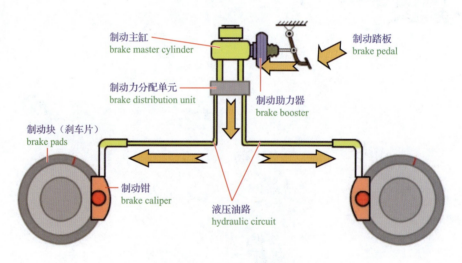

图3-64 液压制动系统原理

3.5.3 盘式制动器

　　汽车制动器是汽车的制动装置，汽车所用的制动器几乎都是摩擦式的，可分为鼓式和盘式两大类。盘式制动器的旋转元件为旋转的制动盘，以端面为工作表面，其结构如图3-65所示。

　　盘式制动器也叫碟式制动器，主要由制动盘、制动钳、制动块、分泵、油管等部分构成。盘式制动器通过液压系统把压力施加到制动钳上，使制动块与随车轮转动的制动盘发生摩擦，从而达到制动的目的。

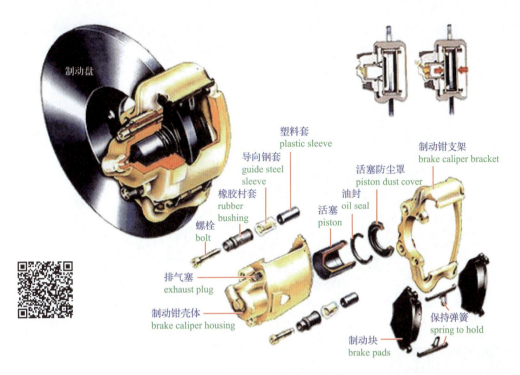

图3-65 盘式制动器结构

与封闭式的鼓式制动器不同,盘式制动器是敞开式的。制动过程中产生的热量很快可以散去,拥有很好的制动效能,现在已广泛应用于乘用车。盘式制动器工作原理为通过液压系统在制动钳上施加压力,利用制动块夹紧制动盘,从而起到使滚动的车轮减速的作用。盘式制动器工作原理如图3-66所示。

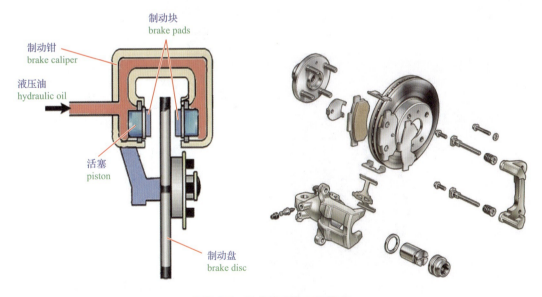

图3-66 盘式制动器工作原理

制动过程实际上是摩擦力将动能转化为热能的过程,如制动器的热量不能及时散出,将会影响其制动效果。为了进一步提升制动效能,通风制动盘应运而生。通风制动盘内部是中空的或有很多小孔，冷空气可以从中间通过，带走热量。图3-67所示为利于散热的制动盘通风口设计。从外表看，制动盘上有许多通向圆心的空洞，利用汽车在行驶当中产生的离心力使空气对流，达到散热的目的，因此比普通制动盘散热效果好很多。

图3-67　利于散热的制动盘通风孔设计

3.5.4　鼓式制动器

鼓式制动器中的旋转部件为制动鼓，其工作表面为圆柱面。鼓式制动器结构如图3-68所示。鼓式制动器主要是通过液压装置使制动块与随车轮转动的制动鼓内侧面发生摩擦，从而产生制动效果。

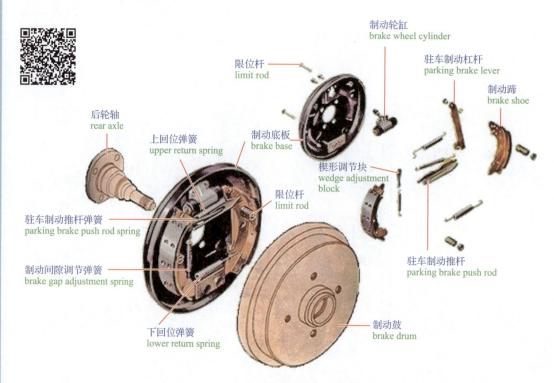

图3-68　鼓式制动器结构

在踩下制动踏板时，制动总泵进行活塞运动，在油路中产生压力，制动液将压力传递到车轮的制动分泵，制动分泵的活塞推动制动蹄向外运动，进而使制动块与制动鼓发生摩擦，从而产生制动力。鼓式制动器工作原理如图3-69所示。

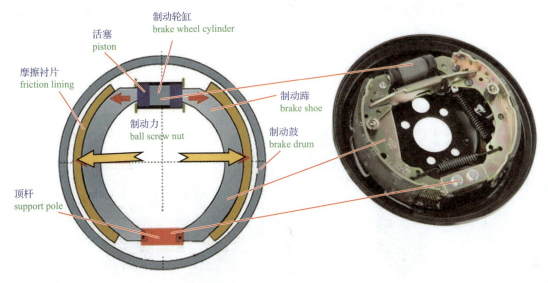

图3-69　鼓式制动器工作原理

从结构中可以看出，鼓式制动器工作在一个相对封闭的环境中，制动过程中产生的热量不易散出，频繁制动会影响制动效果。不过，鼓式制动器可以提供很大的制动力，广泛应用于大型客车和货车。

3.5.5　制动助力器

现在的汽车一般采用真空助力伺服制动系统，使人力和机械动力并用。传统燃油汽车制动系统的真空助力装置的真空源来自发动机进气歧管，真空度一般可达到 -0.07 ～ -0.05 MPa。真空助力装置如图3-70所示。纯电动汽车或燃料电池汽车不配备发动机总成，所以使用电动真空泵提供真空压力。

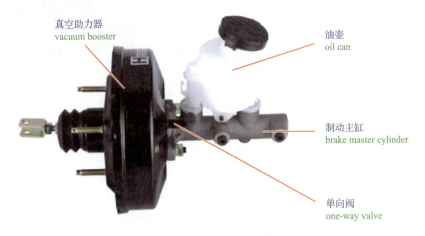

图3-70　真空助力装置

电动真空助力系统的工作过程：当驾驶员发动汽车时，12 V 电源接通，电子控制系统开始自检。如果真空罐内的真空度小于设定值，真空压力传感器输出相应电压值至控制器，此时控制器控制电动真空泵开始工作。当真空度达到设定值后，真空压力传感器输出相应电压值至控制器，此时控制器控制真空泵停止工作。当真空罐内的真空度因制动降低，小于设定值时，电动真空泵再次开始工作，如此循环。电动真空泵结构如图 3-71 所示。

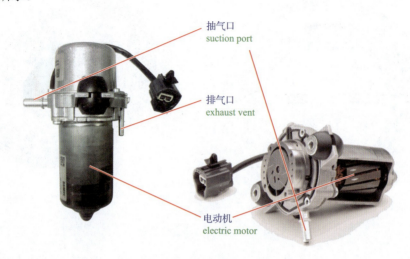

图3-71　电动真空泵结构

3.5.6　驻车制动器

驻车制动器常见的有拉杆式、手柄式、踏板式三种，如图 3-72 所示，拉杆式驻车制动器主要用在轿车和商用车辆上，手柄式驻车制动器只在一些商用车辆中使用，踏板式驻车制动器在一些高档车辆上使用。现在不少车辆装配有电子驻车制动器，使用按钮开关，开启后车辆可以自动驻车。

拉杆式（手刹）　　　手柄式（手刹）　　　踏板式（脚刹）

图3-72　不同形式的驻车制动器

用拉杆式驻车制动器进行驻车制动时，将驻车制动器操纵杆（又称"手刹"）上端向后拉动，操纵杆下端向前摆动，传动杆带动摇臂顺时针转动，拉杆则带动摆臂顺时针转动，凸轮轴也顺时针转动，凸轮使两个制动蹄以支撑销为支点向外张开，压在制动鼓上，产生制动作用。当操纵杆拉到制动位置时，棘爪嵌入齿扇上棘齿内，起到锁止作用。解除制动时，按下驻车制动器操纵杆上的按钮，使棘爪脱离棘齿，解除锁止。向前推动操纵杆，传动杆、拉杆、凸轮轴按逆时针方向转动，制动蹄在回位弹簧的作用下回位，制动蹄与制动鼓恢复制动间隙，制动解除。驻车制动器工作原理如图3-73所示。

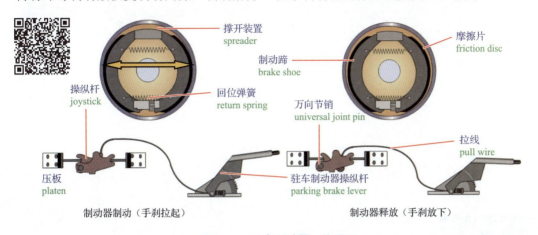

图3-73　驻车制动器工作原理

第4章 车身系统

第1节 车身概述

4.1.1 车架

汽车车身部件主要有车身本体（白车身）、发动机盖、行李箱盖、保险杠支架、翼子板、前后门、顶盖、顶梁、围板、侧围板等。按结构形式分，汽车车身有单厢（面包车）、两厢（SUV、MPV等）和三厢（轿车）等类型。按造型分，汽车车身有厢形、船形、鱼形、楔形等类型。按是否带车架，汽车车身可分为非承载式车身与承载式车身。

非承载式车身的汽车有刚性车架，又称底盘大梁架。车身本体悬置于车架上，用弹性部件连接。非承载式车身如图4-1所示。车架的震动通过弹性部件传到车身上，大部分震动被减弱或消除，发生碰撞时车架能吸收大部分冲击力，在恶劣路况行驶时对车身起到保护作用，因此车厢变形小。但是，这种车身质量大、高度高，比较笨重，一般用于越野车、轻便客货两用车，以及客车、货车上。

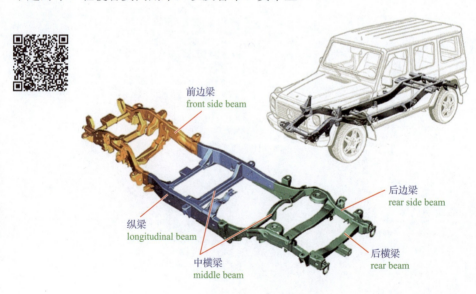

图4-1 非承载式车身

采用非承载式车身的汽车，其发动机、传动系统、车身的总成部分固定在一个刚性车架上，车架通过前后悬架装置与车轮相连。非承载式车身的悬架如图4-2所示。

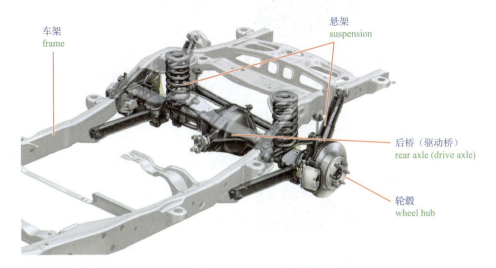

图4-2 非承载式车身的悬架

承载式车身的汽车没有刚性车架，只是加强了车头、侧围、车尾、底板等部位，车身和底架共同组成车身本体的刚性空间结构。承载式车身结构部件如图4-3所示。承载式车身除固有的人员承载功能外，还要直接承受各种负荷。这种形式的车身具有较大的抗弯曲和抗扭转刚度，质量小，高度低，重心低，装配简单，高速行驶稳定性较好。绝大多数乘用车使用这种车身结构。

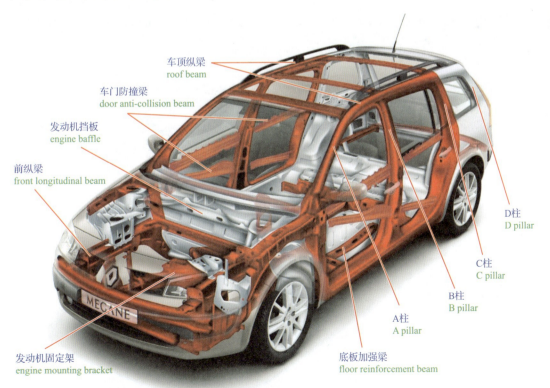

图4-3 承载式车身结构部件

车身钣金件有发动机罩、翼子板、保险杠等。车身钣金件如图4-4所示。

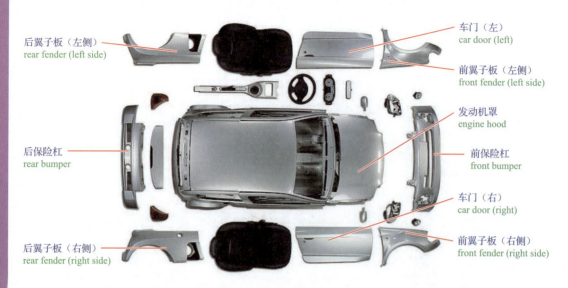

图4-4　车身钣金件

4.1.2　白车身

白车身（body in white），按照定义，是指车身结构件及覆盖件焊接总成，包括前翼子板、后翼子板、车门、发动机罩、行李箱盖等，但不包括附件及装饰件的未涂漆的车身。图4-5为白车身部件示例（SUV车型）。涂装后的白车身加上内外饰件（包括仪表板、座椅、风窗玻璃、地毯、内饰护板等）和电气系统（音响、线束、开关等）、底盘系统（包括制动系统、悬架系统等），加上动力总成系统（包括发动机、变速器等），共同组成整车。

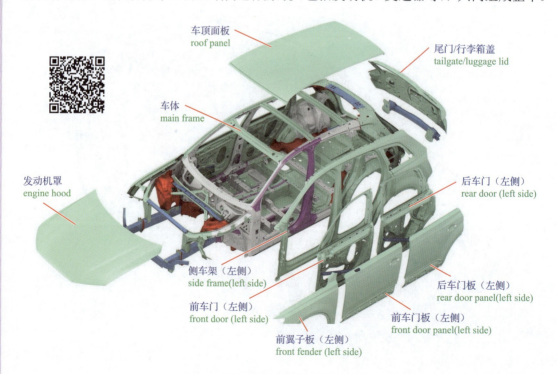

图4-5　白车身部件示例（SUV车型）

4.1.3 汽车车身材料

汽车车身经常用到的材料是钢。钢是含碳量最高为2.06%的铁碳合金。铁与镍、锰、硅、铬等元素融合，形成不同类型的钢。汽车用钢所含元素如表4-1所示。钢所含元素不同，特性不同，而含碳量决定了钢的强度。

表4-1 汽车用钢所含元素

元素	作用
铬	提高钢的耐腐蚀性（铬对钢的耐锈性和耐酸性有决定性的影响）
锰	细化晶粒；提高强度；增强淬透性；提高硬度、拉伸率和耐磨性，影响焊接性能和锻造性能
钼	提高强度和韧性；提高耐腐蚀性；改善淬透性，促进晶粒形成，改善焊接性能
镍	提高强度和韧性；有助于奥氏体晶格结构的稳定，提高低温下的可塑性
铌	作用与钛类似
磷	提高强度，有助于平衡可压缩性和强度
硅	提高强度和弹性极限，细化晶粒
氮	提高奥氏体钢的强度，改善其在高温下的力学性能
钛	提高强度和韧性；抑制晶粒长大，从而有助于细化晶粒；抑制铬合金钢中铬碳化物的析出，从而抑制晶间腐蚀

按照钢的特性进行分类非常有意义。按照力学性能，如拉伸强度，可将钢分为普通钢、高强度钢、超高强度钢等，如表4-2所示。

表4-2 钢的分类

按照拉伸强度分类	拉伸强度（MPa）	说明
普通钢	<300	深冲钢
高强度钢	300~480	烘烤硬化钢
	350~730	微合金钢；各向同性钢
	340~480	磷钢；无间隙钢
	500~600	双相钢含有0.12%的碳、0.5%的硅和1.46%的锰
	600~800	相变诱发塑性钢一般含有0.15%~0.4%的碳、1%~2%的硅和0.5%~2%的锰
超高强度钢	>800	多相钢含碳量很低，低于0.2%，并含有微合金元素，如锰、硅、钼和硼
超高强度热成型钢	>1000	马氏体钢

质量在汽车制造中越来越重要，这是由于汽车要达到节约能源和环保的目标。使用较轻的材料也可以减轻车辆的质量，如使用铝作为材料。

车身组件为了保证性能，不使用纯铝材质，而使用铝合金材质。纯铝的强度很低，结合其他元素，形成铝合金，就可以改变铝的特性，增加强度和耐腐蚀性。铝合金的主要成分为镁和硅，是铝型材、铸铝、铝板的基础。以奥迪A8车型为例，车身结构采用不同的材料构建。该承载式车身结构将铝、钢、镁和碳纤维增强复合材料（CFK）混合在一起使用，将四种不同的轻结构材料结合在一起。车身材料占比最多的是铝，达58%，如铸造节点、挤压型材和板件。奥迪A8车身结构如图4-6所示。

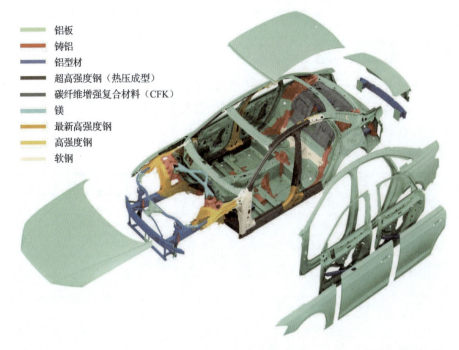

图4-6　奥迪A8车身结构

并不是车身所有的材料强度越高越好，要看用在什么地方。例如，客舱的框架（如横梁、纵梁、A柱、B柱、C柱等），为了使客舱的空间尽量不变形（保证驾乘人员安全），就必须采用高强度的材料。车前部和后部的材料（如发动机罩、翼子板等），为了能够吸收撞击力，可以使用强度相对较低的材料。

第2节　安全系统

4.2.1　碰撞能量吸收及测试

在汽车碰撞时，重要的是保护车内人员的安全，所以在碰撞中客舱的变形越小越好。设计人员考虑到这一点，在汽车碰撞时，让车身部分机构先溃缩，吸收部分撞击能量，从而减少传递到客舱的撞击力。碰撞能量吸收与传递如图4-7所示。

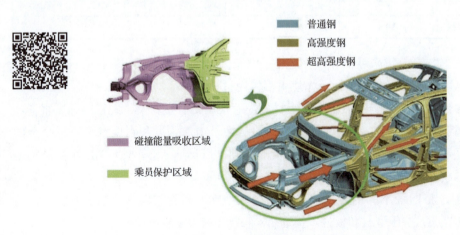

图4-7　碰撞能量吸收与传递

同样，为了保护客舱中的人员，在汽车受到撞击时，利用特殊设计的车身将撞击力分散、转移，可以减少传递到客舱的撞击力，达到保护车内乘员的目的。正面碰撞与侧面碰撞能量传递如图4-8所示。

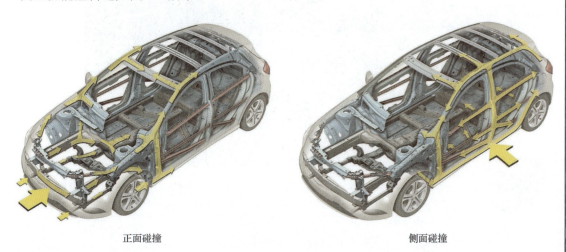

正面碰撞　　　　　　　　　　　　　　　侧面碰撞

图4-8　正面碰撞与侧面碰撞能量传递

新车碰撞测试（new car assessment program，NCAP）是最能考验汽车安全性的测试。目前，我国在此方面已经较为成熟。

新车碰撞测试最早始于美国。1978年，美国公路交通安全管理局建立NCAP体系，提出5星评价方法，用于在正面碰撞中评价汽车保护车内乘员的性能。新车碰撞测试成绩由星级（★）表示，星级越高表示该车的碰撞安全性能越好。NCAP包括成人保护、儿童保护、行人保护三部分，具体内容包括正面碰撞和侧面碰撞两个方面。不同国家和地区碰撞测试的内容和标准不同，欧盟、美国、日本均有相关评价规程。图4-9为NCAP体系标识示例。被世界公认最为严格的是欧盟的NCAP测试。

中国　　　　　　　欧盟　　　　　　　日本　　　　　　　澳大利亚

图4-9　NCAP体系标识示例

4.2.2　行人保护系统

对于基本的行人保护技术，主要涉及车身吸能材料的应用，如吸能保险杠、软性发动机罩材料、大灯及附件无锐角等。其中，发动机罩采用缓冲结构设计，是国内汽车厂商较为常见的做法。

主动防护发动机罩系统利用发动机罩弹升技术，使发动机罩在汽车发生碰撞时瞬间弹起，使人体不是碰撞在坚硬的车体上，而是碰撞在柔性与圆滑的表面上。在检测到撞人之后，车辆就会自动启动发动机罩弹升控制模块，车内配备的弹射装置瞬间便可将发动机罩提高，相当于在人落下时在下面垫了气垫。发动机罩升降器结构如图4-10所示。

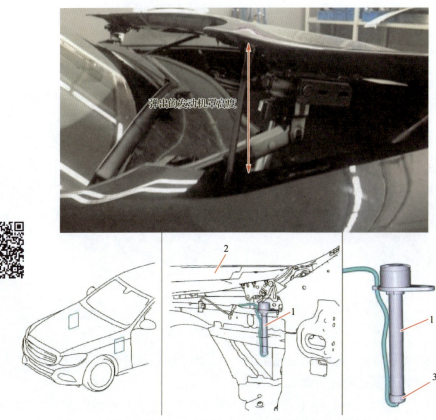

1—发动机罩升降器；2—发动机罩；3—左侧和右侧保护性发动机罩触发器

图4-10　发动机罩升降器结构

4.2.3　安全带

安全带可显著降低人体的动能；安全带在汽车以 50 km/h 速度正面碰撞时能够吸收相当于人从四楼自由下落时产生的动能。安全带防止发生失控的运动，这些运动可能导致严重的伤害。在发生严重碰撞时，预紧式安全带收紧，为安全气囊弹开保留了时间。

在碰撞的瞬间，预紧式安全带的张紧器向下拉紧安全带。安全带和安全气囊共同作用，降低乘员上身受伤的概率。

当发生碰撞事故时，安全带将乘员"约束"在座椅上，使乘员的身体不至于撞到转向盘、仪表板和风窗玻璃上，避免乘员发生二次碰撞；同时避免乘员在车辆发生翻滚等危险情况下被抛离座位。三点式安全带布置与结构如图 4-11 所示。

安全带卷轴与齿轮刚性连接在一起，齿轮由球来驱动，球存放在存放管内，燃料点燃后产生的膨胀气体推动小球移动。检验已触发过的安全带张紧器，晃动拆卸下的安全带张紧器，会有清晰的咔啦声（小球已在接收盒内）。球式安全带张紧器内部结构如图 4-12 所示。

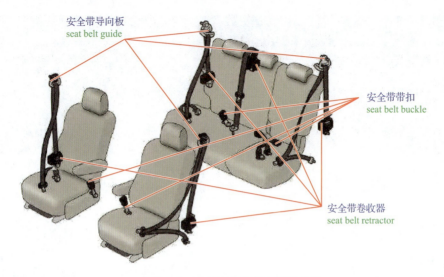

图4-11 三点式安全带布置与结构

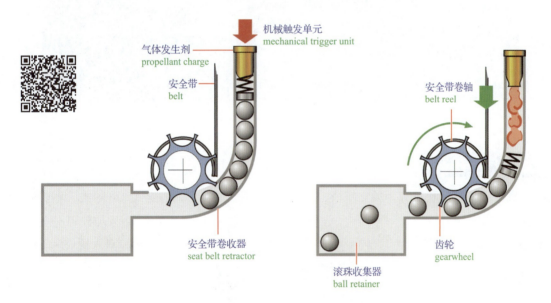

图4-12 球式安全带张紧器内部结构

第3节 汽车内饰件

4.3.1 概述

　　汽车内饰件一般指轿车车厢的隔板、车门内饰板、仪表板总成、扶手、地垫等零部件和材料，如图4-13所示。相对于车上其他部件而言，汽车内饰件对车辆的运行性能没有什么影响，但代表车辆的形象，承担减震、隔热、吸音和隔音等功能，对轿车的舒适性具有十分重要的作用。

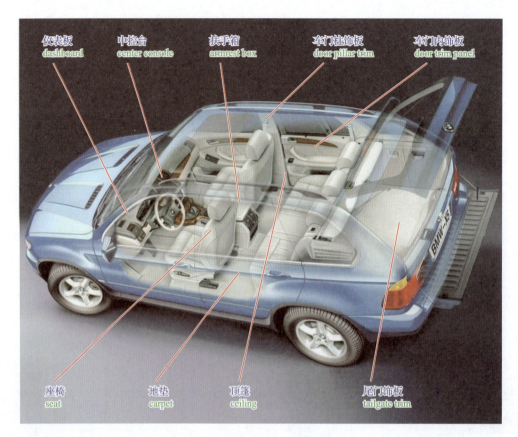

图4-13 汽车内饰件

4.3.2 座椅

汽车座椅按形状可分为独立座椅、联体座椅,按功能可分为固定式、可卸式、调节式,按乘坐人数可分为单人椅、双人椅、多人椅。汽车座椅从最早的固定式座椅发展到多功能的动力(电动/气动)调节座椅,以及电子记忆调节座椅等。汽车座椅按材质可分为真皮座椅和织布座椅等。还有一些针对特殊使用对象的座椅,如儿童座椅和赛车座椅等。图4-14为空调座椅结构。

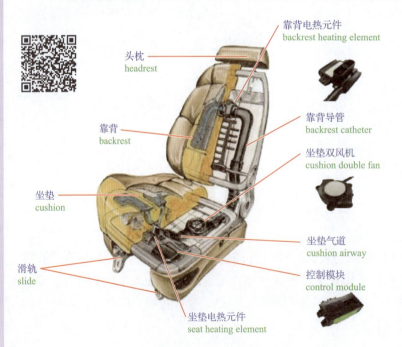

图4-14 空调座椅结构

一般五座轿车的座椅布局为前二后三结构，七座的 MPV 与 SUV 车型都有"2+2+3"与"2+3+2"两种布局方式。图 4-15 为宝骏 720 座椅布置。

图4-15　宝骏720座椅布置（2+2+3）

4.3.3　仪表板

仪表板是汽车驾驶区安装各种指示仪表和点火开关等的总成，装在仪表嵌板上，或者作为附件装在转向管柱上。仪表板总成好似一扇窗户，随时反映车辆内部机器的运行状态。同时，它又是部分设备的控制中心和被装饰的对象，是驾驶区最引人注目的部件。仪表板总成既有技术的功能，又有艺术的功能，是整车风格的代表之一。以奥迪 Q3 为例，仪表板部件分解如图 4-16 所示。

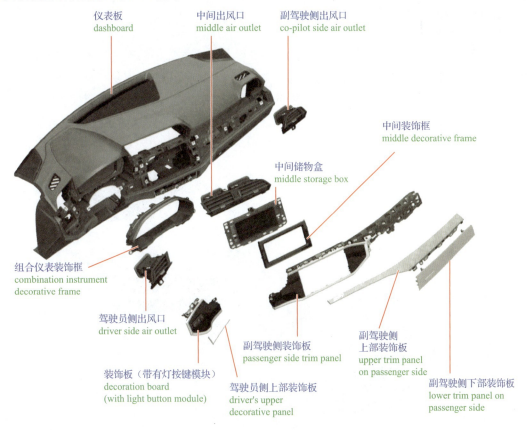

图4-16　奥迪Q3仪表板部件分解

第4节　汽车外饰件

4.4.1　概述

汽车外饰件主要指前后保险杠、轮眉、格栅、散热器装饰罩、防擦条等通过螺栓、卡扣及双面胶条连接在车身上的部件，如图 4-17 所示。汽车外饰件在车身外部主要有装饰保护作用及开启等功能。

图4-17　汽车外饰件

4.4.2　保险杠

保险杠是汽车吸收和减缓外界冲击力、防护车身前部和后部的安全装置。轿车的前后保险杠都是用塑料制成的，人们称为塑料保险杠。一般汽车的塑料保险杠是由外板、缓冲材料和横梁三部分组成的。其中外板和缓冲材料用塑料制成，横梁用冷轧薄板冲压形成 U 形槽；外板和缓冲材料附着在横梁上。以奥迪 A3 为例，前保险杠部件如图 4-18 所示。

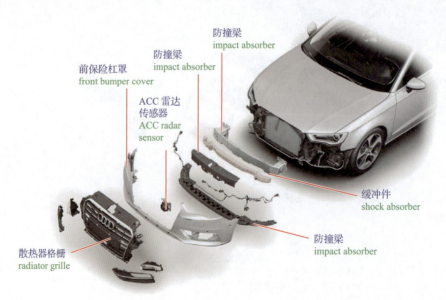

图4-18　奥迪A3前保险杠部件

奥迪 A3 后保险杠包括一块焊有连接板的盖罩和一块内置有排气装置尾管扩散器的扰流板，如图 4-19 所示。连接板上固定有侧向辅助系统的传感器。车尾传感器被固定在保险杠罩上。保险杠通过连接板安装在车身尾部。保险杠在侧面通过事先安装好的导向件平齐地固定在车身侧围板上。

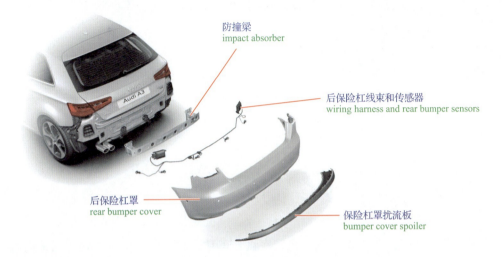

图4-19　奥迪A3后保险杠部件

4.4.3　天窗

汽车天窗安装于车顶，能够有效地使车内空气流通，为车内增加新鲜空气。汽车天窗也可以开阔视野，满足移动摄影的需求。汽车天窗可以大致分为外滑式、内藏式、内藏外翻式、全景式和窗帘式等。汽车天窗主要安装于商用 SUV、轿车等车型上。以奥迪 A3 为例，全景滑动/外翻式天窗是粘接在车身的车顶切口内，其部件分解如图 4-20 所示。

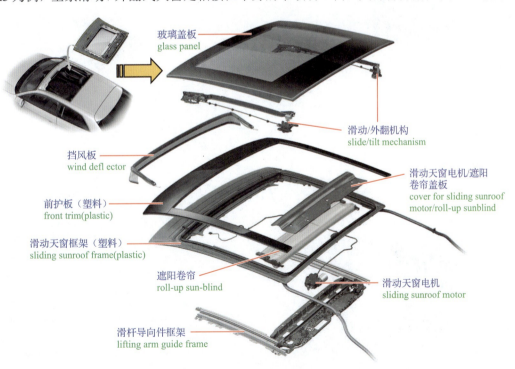

图4-20　奥迪A3天窗部件分解

第5章 电气系统

第1节 电气概述

汽车电气系统可分为电源、发动机、底盘、车身四大部分。电源系统包括蓄电池、充电和配电装置；发动机电气系统指启动系统、点火系统及发动机电子控制系统；底盘电气系统包括车身稳定控制、电动助力转向、电子悬架、胎压监测等电子控制系统；车身电气包括传统的车身电气设备及车身控制模块、车载网络等。汽车电气系统如图5-1所示。

电源系统（power system）：包括蓄电池、发电机、配电盒（含熔断丝与继电器等部件）。

发动机电气系统（engine electrical system）：包括点火系统、启动系统、发动机电子控制系统。

底盘电气系统（chassis electrical system）：包括变速器、四驱系统、电子空气悬架、胎压监测系统、防抱死制动系统、电子稳定系统、电子控制转向助力系统等底盘电子控制系统。

车身电气系统（body electrical system）：包括照明与灯光信号、仪表开关、各种电动及自动化电子装置、空调、音响、安全气囊、车载网络等电子电气系统。

图5-1 汽车电气系统

第2节　发动机电气系统

5.2.1　启动系统

启动系统将储存在蓄电池内的电能转化为机械能，要实现这种转化，就必须使用启动机。启动机的作用是由直流电动机产生动力，经传动机构带动发动机曲轴转动，从而实现发动机的启动。启动系统包括蓄电池、点火开关（启动开关）、启动机总成、启动继电器等部件，如图5-2所示。

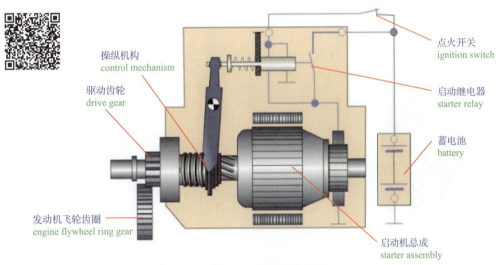

图5-2　启动系统部件

启动机可以将蓄电池的电能转化为机械能，驱动发动机飞轮旋转，实现发动机的启动。发动机在以自身动力运转之前，必须借助外力旋转。发动机借助外力由静止状态过渡到自行运转的过程，称为发动机的启动。启动机是启动系统的核心部件。启动机由直流串励电动机、传动机构和控制装置三大部分组成。电动机包括必要的电枢、换向器、磁极、电刷、轴承和外壳等部件。启动机内部结构如图5-3所示。

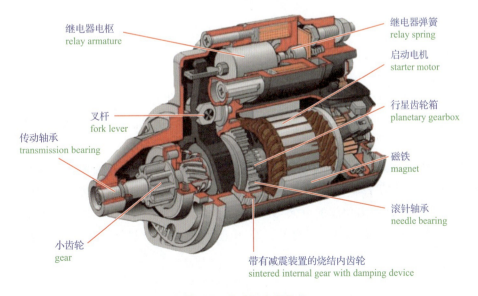

图5-3　启动机内部结构

5.2.2 点火系统

点火系统是点燃式发动机为了正常工作，按照各个气缸点火次序，定时供给火花塞高压电（15000～30000 V），使火花塞产生足够强的火花，点燃可燃混合气体。

传统点火系统分为蓄电池点火和磁电机点火两种类型。

机械点火系统工作过程是由曲轴带动分电器轴转动，分电器轴上的凸轮转动，使点火线圈初级触点接通与闭合而产生高压电。这个点火高压电通过分电器轴上的分火头，根据发动机工作要求，按顺序送到各个气缸的火花塞上，火花塞发出电火花，点燃燃烧室内的气体。传统点火系统主要组成部件如图5-4所示。

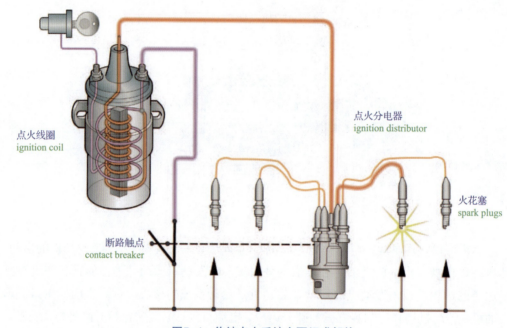

图5-4 传统点火系统主要组成部件

现代汽车使用的是电子点火系统，这种系统没有任何活动部件，也就是没有用于分配点火火花的分火头，因此被称作"静止点火系统"。

电子点火系统可分为晶体管点火、半导体点火和无分电器点火三种类型。

电子点火系统有闭环控制与开环控制之分：带有爆震传感器，能根据发动机是否发生爆震及时修正点火提前角的电子控制系统称为闭环控制系统；不带爆震传感器，点火仅根据电子控制单元内设定的程序控制的称为开环控制系统。

无分电器点火系统一般每个气缸有专用的点火线圈，该线圈安装在火花塞上方，由控制单元操控。发动机控制单元（一般还负责控制燃油喷射器）根据存储的3D特性曲线，按下述传感器信号计算出理想的点火点：发动机转速传感器、发动机负荷传感器、发动机温度传感器、爆震传感器（如果有的话）。电子点火系统组成部件如图5-5所示。

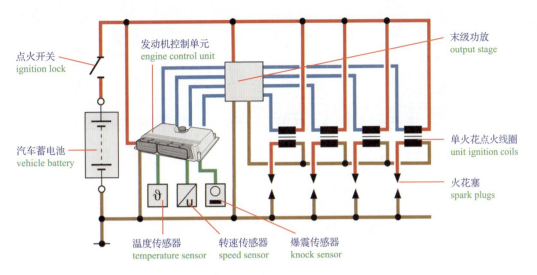

图5-5 电子点火系统组成部件

汽油机的火花塞负责在做功行程中将气缸内的燃油与空气混合气体点燃。因此,需要在接线端子上加载30～40 kV的电压并使电流流经火花塞。这样在中央电极和侧电极之间就会产生电弧,就是点火火花。要让点火火花足够强,电极间的距离就起着决定性的作用,因此汽车生产厂家对电极间的距离是有明确规定的。如果这个距离过大,就不会产生火花,也就无法点燃气缸内的混合气体了。如果这个距离过小,那么火花就会太小,火焰前锋过小,无法完全点燃混合气体。火花塞内部结构如图5-6所示。

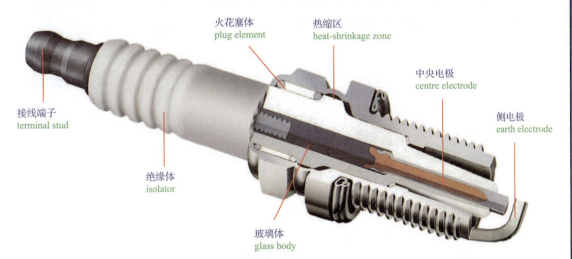

图5-6 火花塞内部结构

并非所有火花塞都使用顶极型结构,有越来越多的火花塞采用多侧极型结构,也有的将顶极型结构与侧极型结构结合在一起,被称作混合型结构。各种类型的火花塞如图5-7所示。如今,火花塞带有4个或者3个电极是很普遍的,这样的好处是,可将热负荷分摊在多个侧电极上,明显提高耐用度。

图5-7 各种类型的火花塞

5.2.3 电子控制燃油喷射系统

电子控制燃油喷射（electronic fuel injection，EFI）系统俗称"电喷系统"。电子控制燃油喷射系统主要由空气供给系统（气路）、燃料供给系统（油路）和控制系统（电路）三大部分组成。汽油机缸内直喷电子控制燃油喷射系统原理如图5-8所示，汽油机歧管喷射电子控制燃油喷射系统原理如图5-9所示。

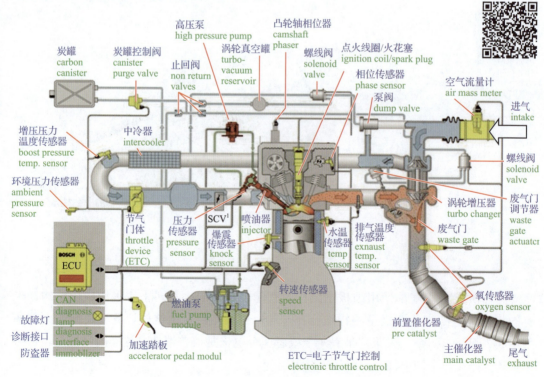

图5-8 汽油机缸内直喷电子控制燃油喷射系统原理

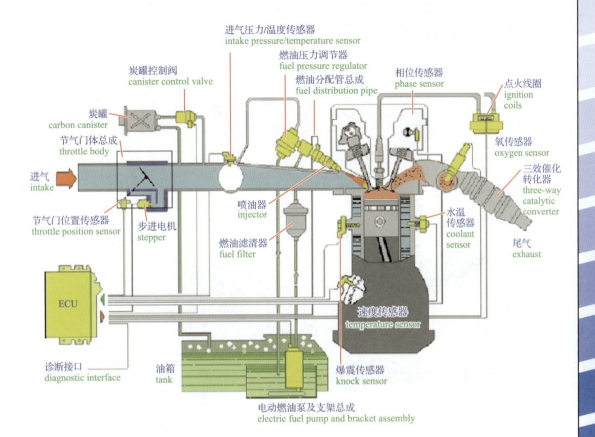

图5-9　汽油机歧管喷射电子控制燃油喷射系统原理

空气供给系统的主要作用是为发动机提供必要的空气，并控制发动机正常工作时的供气量，一般由空气滤清器、节气门、空气阀、进气总管、进气歧管等部分组成。另外，为了随时调节进气量，进气系统中还设置了进气量的检测装置。

燃油供给系统的主要作用是由喷油器向气缸提供燃烧所需要的燃油，喷油器则根据ECU指令喷油，一般由燃油箱、燃油泵、燃油滤清器、调压器及喷油器构成。

控制系统的主要作用为根据各种传感器的信号，由ECU进行综合分析和处理，通过执行装置控制喷油量等，使发动机具有最佳性能。控制系统主要由ECU、传感器、执行器以及输入/输出电路等组成，ECU是控制系统的核心。

5.2.4　柴油机电子控制高压共轨系统

目前在柴油机的新技术领域主要存在高压共轨和单体泵两种技术。两种技术都属于电子控制燃油喷射系统，在控制柴油机的排放方面有着非常重要的作用。

低压燃油泵将燃油从油箱输入高压油泵，高压油泵将燃油加压送入高压共轨，高压共轨中的压力由电子控制单元根据压力传感器及需要进行调节，高压共轨内的燃油经过高压油管，由电子控制单元根据柴油机的运行状态决定喷油时间，最后由喷油器向气缸内喷射。柴油机高压共轨系统部件如图5-10所示。

高压共轨系统的供油泵从油箱将燃油泵入高压油泵的进油口，由发动机驱动的高压油泵将燃油增压后送入共轨腔内，再由电磁阀控制各个气缸喷油器在相应时刻喷油。柴油机高压共轨系统原理如图 5-11 所示。

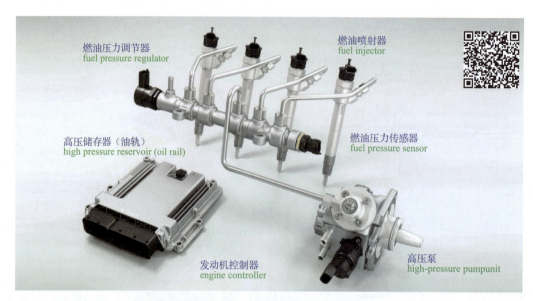

图5-10　柴油机高压共轨系统部件

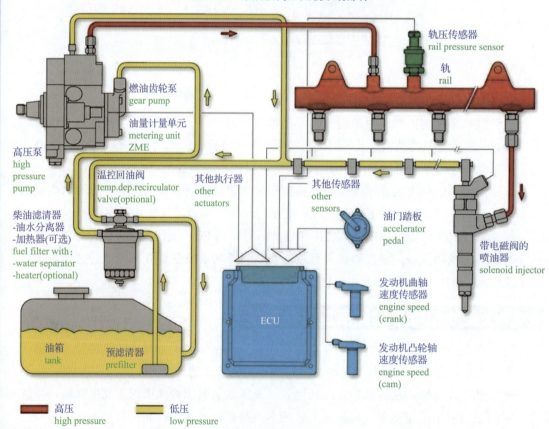

图5-11　柴油机高压共轨系统原理

电子控制喷油器是高压共轨系统最重要的部件。高压燃油需要通过喷油器进行雾化。由于采用电磁阀控制，喷油压力、喷油正时、喷油速率等都可以柔性控制。

博世（Bosch）公司生产的共轨喷射器 CRI2.5 可以用最高 1800 bar 压力的燃油驱动，其内部构造如图 5-12 所示。

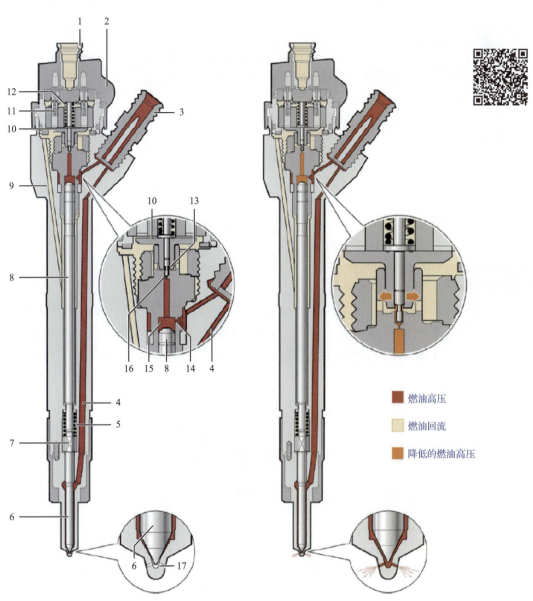

1—燃油回流接口；2—电气接口；3—带过滤器的高压接口；4—供给通道；5—喷嘴针弹簧；6—喷嘴针；7—连接器；8—阀控制活塞；9—机油溢流管路；10—电枢；11—电磁线圈；12—电枢弹簧；13—控制阀；14—供油节流阀；15—控制室；16—排油节流阀；17—喷嘴

图5-12 博世共轨喷射器CRI2.5内部构造

压电喷射器受压电致动器控制。与电磁阀相比，压电致动器的开关速度大约快 4 倍。此外，与受电磁阀控制的喷射器相比，采用压电技术的喷针的运动质量减少约 75%。因此，压电喷射器具有以下优点：开关时间非常短；每工作循环可以多次部分喷射（最多 5 次）；精确计量喷射量。压电喷射器内部结构如图 5-13 所示。

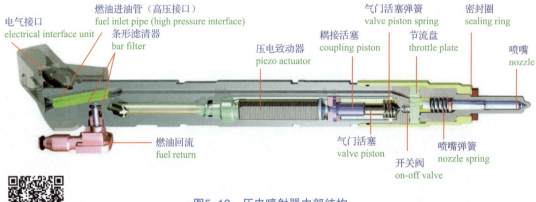

图5-13 压电喷射器内部结构

第3节 底盘电气系统

5.3.1 防抱死制动系统

防抱死制动系统（anti-locked braking system，ABS）是一种具有防滑、防锁死等优点的汽车安全控制系统，已广泛运用于汽车上。ABS主要由电子控制单元、车轮转速传感器、制动压力调节装置和制动控制电路等部分组成。ABS控制系统如图5-14所示。

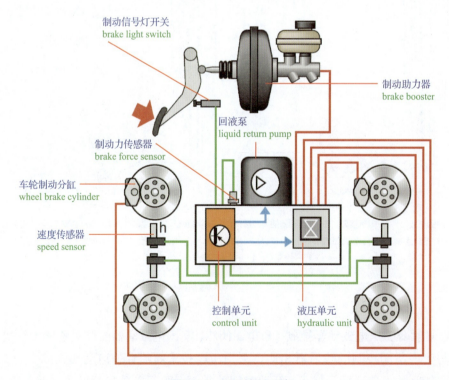

图5-14 ABS控制系统

ABS 控制单元不断从车轮转速传感器获取车轮的速度信号，并加以处理，进而判断车轮是否即将被抱死。ABS 制动的特点是当车轮趋于抱死临界点时，制动分泵压力不随制动主泵压力增加而增加，压力在抱死临界点附近变化。如果控制单元判断车轮没有抱死，制动压力调节装置就不参加工作，制动力将继续增加；如果判断出某个车轮即将抱死，控制单元向制动压力调节装置发出指令，关闭制动缸与制动轮缸的通道，使制动轮的压力不再增加；如果判断车轮出现抱死拖滑状态，就向制动压力调节装置发出指令，使制动轮缸的油压降低，减少制动力。ABS 工作状态如图 5-15 所示。

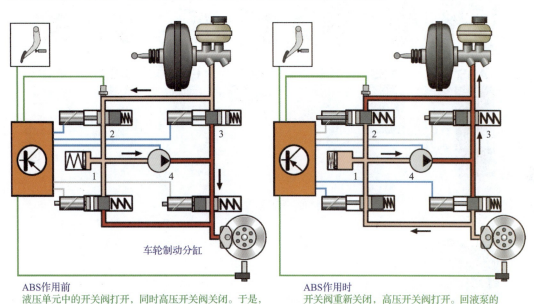

ABS作用前
液压单元中的开关阀打开，同时高压开关阀关闭。于是，在回液泵中产生的压力被直接送到车轮制动分缸。

ABS作用时
开关阀重新关闭，高压开关阀打开。回液泵的输送量将制动力保持在抱死阈值之下。

1—蓄压器；2—开关阀；3—高压开关阀；4—回液泵

图5-15　ABS工作状态

5.3.2　车身电子稳定系统

电子稳定程序（electronic stability program，ESP）是博世公司的专利技术和注册商标，是为进一步提高行车的主动安全性而发明的牵引力 / 制动力控制系统——车身电子稳定系统。ESP 源于 1983 年，博世的工程师通过优化 ABS 来增加车辆在全力制动时的稳定性。1995 年 3 月，ESP 开始批量生产，装备奔驰 S 级轿车。最新的 ESP 已经发展到第九代。ESP 技术发展历程如图 5-16 所示。第九代 ESP 除了在原有的车身稳定控制上精益求精，还为车辆增添了众多实用的功能，如车道检测、碰撞预警、自适应巡航等。

ESP 其实是 ABS 和 ASR（驱动轮防滑转系统）在功能上的延伸，可以说是目前汽车防滑装置的最佳选择。其主要由控制总成及转向角度传感器（监测转向盘的转向角度）、车轮转速传感器（监测各个车轮的转动速度）、侧滑传感器（监测车体绕纵轴线转动的状态）、横向加速度传感器（监测汽车转弯时的离心力）等组成。博世第九代 ESP 组成部件如图 5-17 所示。控制单元通过这些传感器的信号对车辆的运行状态进行判断，进而发出控制指令。

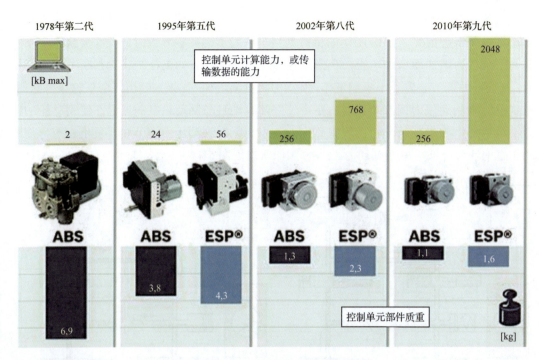

图5-16 ESP技术发展历程

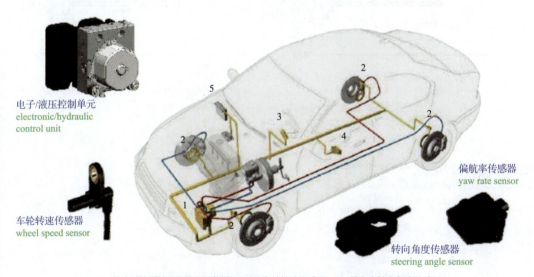

1—带电子控制单元的液压调节模块；2—车轮转速传感器；3—转向盘转向角度传感器；
4—偏航率传感器（集成于EPS内部）；5—与发动机系统的通信

图5-17 博世第九代ESP组成部件

ESP的主要功能有ABS、EBD、TCS、VDC等，如图5-18所示。

5.3.3 电动助力转向系统

电动助力转向系统的控制单元集成在电动泵总成中，根据转向角速度和车辆行驶速度发出信号，驱动齿轮泵。控制单元中储存的通用特性图显示瞬时供油量。助力转向传感器安装在助力转向传动装置的旋转分流阀内，它提供转向角并计算出转向角速度，转向角传感器安装在转向臂与转向轮之间的转向柱上，ABS或ESP通过CAN总线传输的转向角信号来驱动转向轮。电动助力转向系统工作原理如图5-19所示。

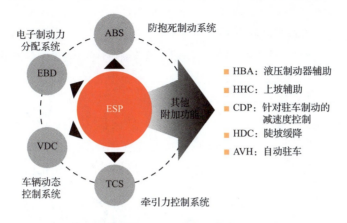

图5-18 ESP主要功能

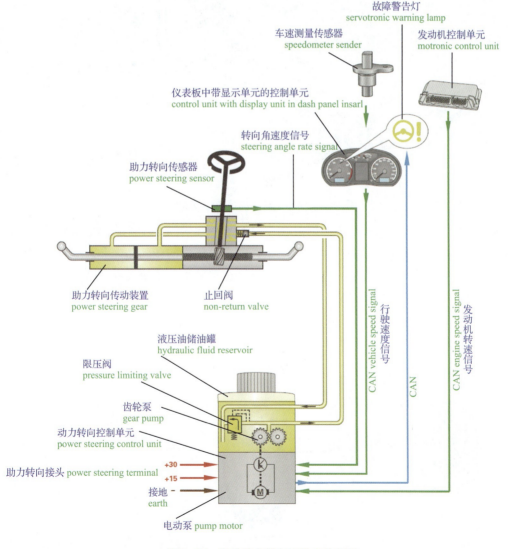

图5-19 电动助力转向系统工作原理

5.3.4 动态主动转向系统

动态主动转向系统可以根据车速和转向盘转角实现最佳转向传动比。无论是在驻车、在多弯道的乡间公路行车，还是在高速公路上高速行车，动态主动转向系统都能提供最合适的转向传动比。动态主动转向系统具有行驶动态稳定转向能力，所以可以对 ESP 提供支持。在车辆转向过度和转向不足时，以及车辆在不同摩擦系数的路面上制动时，ESP 都可以获得动态转向系统的帮助。因此，这种新型智能转向系统不仅能增加行驶和转向的舒适性，还能明显提高主动的行车安全性。

动态主动转向系统内集成了一个并行（叠加）转向机（执行元件）。转向盘和前桥之间的机械式耦合器始终通过并行转向机保持接合。在系统出现严重故障时，并行转向机的电机轴被锁住，可以避免功能失误。动态主动转向系统组成部件如图 5-20 所示。

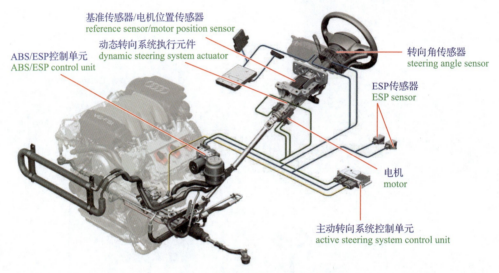

图5-20　动态主动转向系统组成部件

控制单元计算转向角应该加大还是减小。控制单元操纵一个电机，电机驱动并行转向机工作。车轮总转向角是并行转向角与在转向盘上施加的转向角之和。并行转向角可以通过驾驶员施加的转向角加大或减小，也可以在驾驶员未操纵转向盘时实现转向角。动态主动转向系统工作原理如图 5-21 所示。

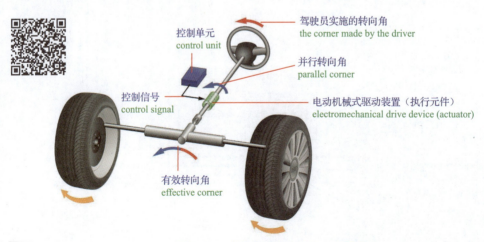

图5-21　动态主动转向系统工作原理

5.3.5 电子驻车制动系统

驻车制动器通常是指机动车辆安装的"手动刹车",简称"手刹",在车辆停稳后用于稳定车辆,避免车辆在斜坡路面停车时溜车,造成事故。电子驻车制动(electrical park brake,EPB)也称"电子手刹",通过电子线路控制停车制动。图5-22为带有制动钳的电子驻车制动系统执行机构。图5-23为电子驻车制动系统拉紧与全新制动摩擦片剖视图。

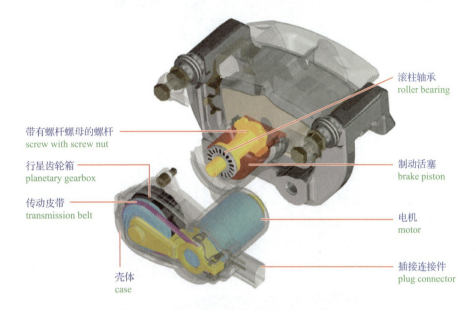

图5-22 带有制动钳的电子驻车制动系统执行机构

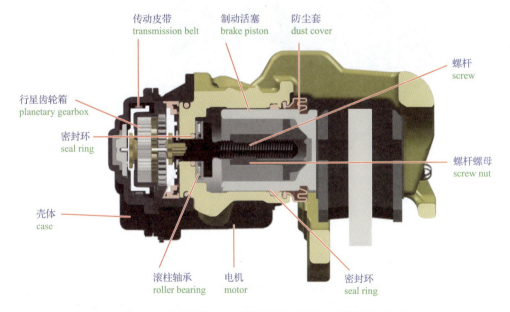

图5-23 电子驻车制动系统拉紧与全新制动摩擦片剖视图

电子驻车系统控制单元得到驾驶员通过驻车制动按钮给出的驻车指令。系统通过车载网络连接和总线系统查询与识别车辆状态。该控制单元确定驻车过程的所有条件是否满足,当条件满足时,就会控制后部制动钳上的两个执行机构。电子驻车系统工作原理如图5-24所示。

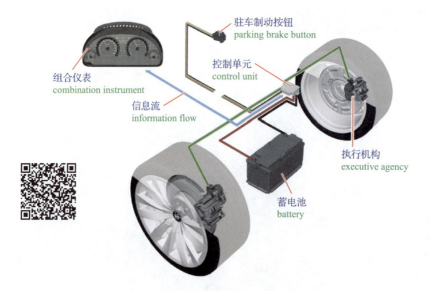

图5-24 电子驻车系统工作原理

螺杆具有自锁功能,即使在断电状态下也可以保持张紧力,从而确保车辆静止不动。电子驻车系统执行机构固定在制动钳上,直接对制动活塞施加作用。电机和传动皮带将作用力传递到两级行星齿轮箱上,然后通过螺杆接口驱动螺杆。电子驻车系统执行机构结构如图5-25所示。

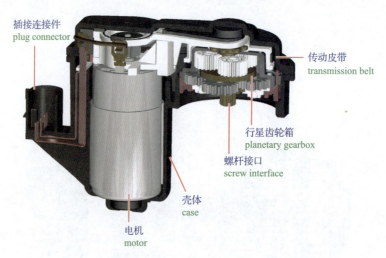

图5-25 电子驻车系统执行机构结构

5.3.6 胎压监测系统

胎压监测系统可分为间接测量与直接测量两种。间接测量不同轮胎充气压力的系统并非测量实际的轮胎充气压力,而是通过车轮转速传感器持续监控所有车轮的滚动周长。当轮胎压力下降时,相应车轮的转角速度会发生变化。车轮转速传感器可对其进行探测并向动态稳定控制系统发送相关信号。车速超过 25 km/h 和压力下降约 30 % 时,系统会发出警告。系统通过组合仪表内的一个指示灯和中央信息显示屏内的文本信息向驾驶员发出警告。间接胎压监测系统组成部件如图 5-26 所示。

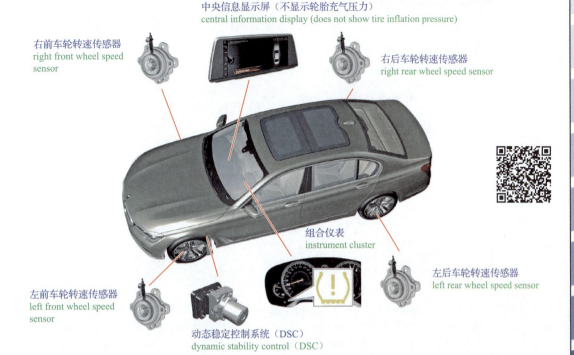

图5-26 间接胎压监测系统组成部件

直接胎压监测系统通过各车轮的电子装置确定实际轮胎充气压力,其组成部件如图 5-27 所示。低级的直接胎压监测系统有单独的胎压监测控制单元,高级的直接胎压监测系统功能集成在动态稳定控制系统控制单元内,使用遥控信号接收器作为所有车轮电子装置发送记录的接收装置。它通过数据总线将相关信息发送至控制单元。

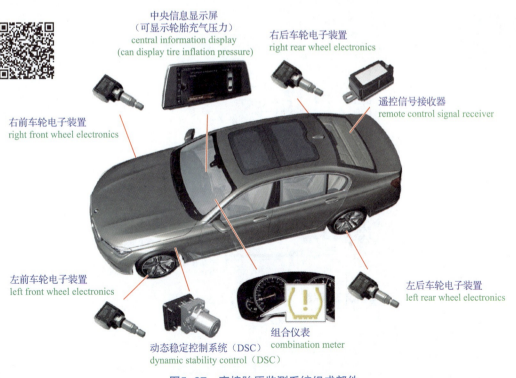

图5-27 直接胎压监测系统组成部件

5.3.7 电子减震器控制系统

电子减震器控制系统由以下组件构成：分别带有两个调节阀的四个电动调节式减震器；垂直动态管理平台控制单元；用于探测车轮移动的四个车辆高度传感器；用于探测车身移动（提升、俯仰和侧倾）的传感器组件。电子减震器控制系统组件如图5-28所示。

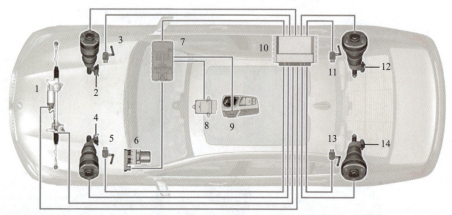

1—电子助力转向系统（电动机械助力转向系统）；2—右前减震器调节装置调节阀；3—右前车辆高度传感器；4—左前减震器调节装置调节阀；5—左前车辆高度传感器；6—动态稳定控制系统；7—车身域控制器；8—碰撞和安全模块；9—驾驶体验开关；10—垂直动态管理平台；11—右后车辆高度传感器；12—右后减震器调节装置调节阀；13—左后车辆高度传感器；14—左后减震器调节装置调节阀

图5-28 电子减震器控制系统组件

电子调节式减震器是带有相应空气弹簧减震支柱的单元，无法单独更换。在减震器上有两个电动调节阀，可通过调节阀对调节式减震器的拉伸和压缩阶段分别进行调节，由此完美抵消车身和车轮的震动。减震器是一根单筒充气支撑杆。图5-29展示了电动调节式减震器内部结构。

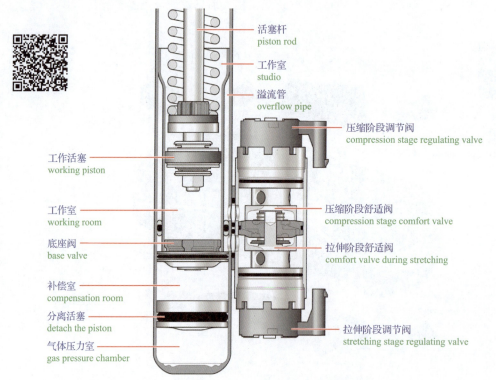

图5-29 电动调节式减震器内部结构

5.3.8 电动主动式侧倾稳定杆

电动主动式侧倾稳定杆（EARS）可迅速抵消出现的侧倾力矩，其组成部件如图5-30所示。

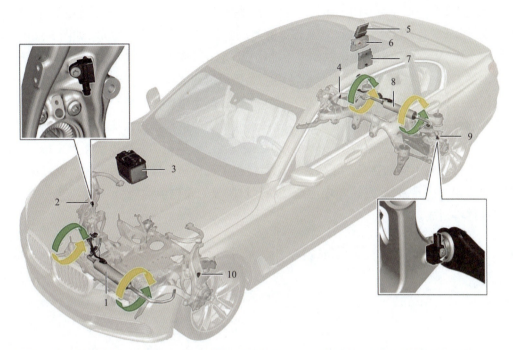

1—前桥电动主动式侧倾稳定杆（EARSV）；2—右前车轮加速度传感器；3—发动机室12 V 蓄电池（车载网络支持设施）；4—右后车轮加速度传感器；5—垂直动态管理平台；6—右后配电盒；7—电源控制单元（500 W DC/DC 转换器）；8—后桥电动主动式侧倾稳定杆（EARSH）；9—左后车轮加速度传感器；10—左前车轮加速度传感器

图5-30 电动主动式侧倾稳定杆组成部件

主动式侧倾稳定杆接收垂直动态管理平台的调节请求。两个主动式稳定杆控制单元（EARSV/EARSH）读取并处理总线电码，通过控制电机，使两个稳定杆部分相对扭转。永励式同步电机内集中进行能量转化，通过设定的旋转磁场调节电机的转动方向、扭矩和转速。电动主动式侧倾稳定杆剖面如图5-31所示。

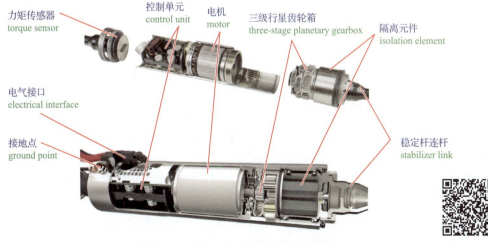

图5-31 电动主动式侧倾稳定杆剖面图

第4节　车身电气系统

5.4.1　电源系统

蓄电池是汽车必不可少的一部分，可分为传统的铅酸蓄电池和免维护型蓄电池。铅酸蓄电池主要由正（负）极板、隔板、电解液、槽壳、连接条和极桩等部件组成，如图5-32所示。

一个12 V蓄电池由六个串联的单电池构成。它们安装在由隔板分隔的壳体中。每个蓄电池的基本模块都是单电池。单电池由一个极板组构成，它是由一个正极板组和一个负极板组组合而成的。极板组由电极和隔板构成。每个电极都是由一个铅栅板和活性物质构成的。隔板（微孔绝缘材料）用于分离不同极性的电极。电极或极板组在充满电时沉浸在38%浓度的硫酸溶液中（电解液）。接线端子、单电池和极板连接器由铅制成。正极和负极具有不同的直径，正极总是比负极粗。正极和负极不同的直径可以避免蓄电池连接错误（防止接错极）。单电池连接线穿过隔板。蓄电池的外壳（模块箱）由耐酸性绝缘材料制成。

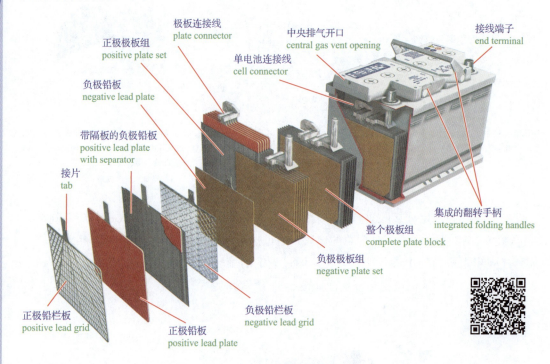

图5-32　铅酸蓄电池组成部件

汽车发电机是汽车的主要电源，其功用是在发动机正常运转时，向所有用电设备（启动机除外）供电，同时给蓄电池充电。汽车用发电机可分为直流发电机和交流发电机，而交流发电机在许多方面优于直流发电机，所以直流发电机目前已被淘汰。交流发电机部件分解如图5-33所示。

交流发电机分为定子绕组和转子绕组两部分，三相定子绕组按照彼此相差120°电角度分布在壳体上，转子绕组由两块极爪组成。当接通直流电时，转子绕组被励磁，两块极爪形成N极和S极。磁力线由N极出发，透过空气间隙进入定子铁心，再回到相邻的 S 极。转子一旦旋转，转子绕组就会切割磁力线，在定子绕组中产生互差 120°电角度的正弦电动势，即三相交流电，再经由二极管组成的整流元件变为直流电输出。

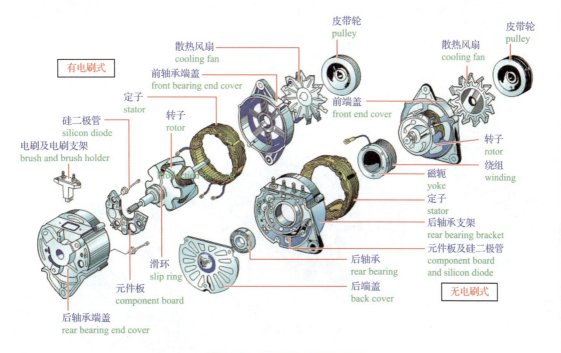

图5-33 交流发电机部件分解

5.4.2 组合仪表

现代汽车大多数配备组合仪表，不过在电动汽车上有取消传统组合仪表的趋势，如特斯拉的 MODEL 3。组合仪表一般分为机械仪表、带液晶屏机械仪表与全液晶仪表三大类型。现在的汽车，特别是电动汽车，大多数使用全液晶仪表。不同类型的组合仪表如图 5-34 所示。

全机械仪表

带液晶屏的机械仪表

全液晶仪表（燃油汽车）

全液晶仪表（电动汽车）

图5-34 不同类型的组合仪表

不同汽车的组合仪表中的仪表个数不同，一般仪表板上主要有燃油表、冷却液温度表、发动机转速表和车速里程表。组合仪表一般由面罩、边框、表芯、印制电路板、插接器、报警灯及指示灯等部件组成，有些仪表还带有稳压器和报警蜂鸣器。全液晶仪表板结构如图5-35所示。

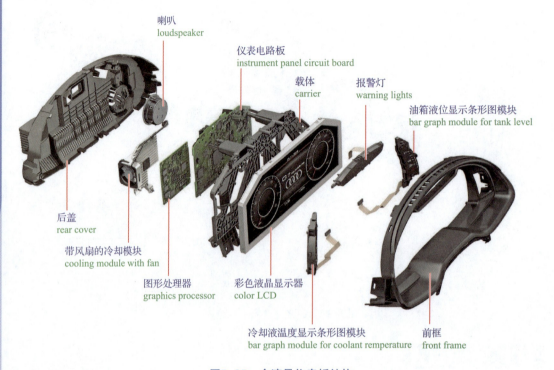

图5-35　全液晶仪表板结构

5.4.3　照明系统

汽车灯具按照功能划分，主要有两个种类——照明灯和信号灯。汽车照明灯按照安装的位置及功能可分为前照灯、雾灯、牌照灯、仪表灯、顶灯、工作灯。汽车信号灯包括转向信号灯、危险报警灯、示廓灯、尾灯、制动灯、倒车灯。

前照灯又叫"前大灯"，安装于汽车头部两侧，用于夜间行车的道路照明。雾灯安装于汽车的前部和后部，用于在雨雾天气行车时道路照明和为迎面来车及后面来车提供信号。前雾灯安装在前照灯附近，一般比前照灯的位置稍低。后雾灯采用单只时，应安装在车辆纵向平面的左侧，与制动灯间的距离大于 100 mm；后雾灯灯光光色为红色，以警示尾随车辆保持安全距离。倒车灯安装于汽车尾部，用于倒车时汽车后方道路照明和警告其他车辆和行人。牌照灯用于照亮车辆牌照，牌照灯安装在汽车尾部牌照的上方或左右两侧。转向信号灯安装于汽车前后左右四角，用于汽车转弯时发出明暗交替的闪光信号。危险报警灯用于车辆遇到紧急危险情况时，同时点亮前后左右转向灯，以发出警告信号。制动灯由于指示车辆的制动或减速信号。制动灯安装在车尾两侧，高位制动灯安装于后窗玻璃下侧或上侧。示廓灯安装在汽车前后左右四侧的边缘，用于汽车夜间行车时指示汽车的宽度和高度，因此也相应地被称为"示宽灯"和"示高灯"。以丰田 COROLLA 为例，主要照明与信号灯光部件如图 5-36 所示。

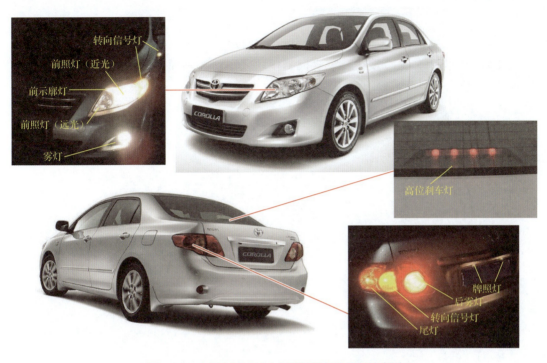

图5-36　丰田COROLLA主要照明与信号灯光部件

汽车内部照明系统由顶灯、仪表灯、踏步灯、工作灯、行李箱灯组成，主要是为驾驶员和乘员提供方便。顶灯安装在驾驶区或车厢内顶部，为驾驶区或车厢内的照明灯具。仪表灯安装于仪表板内，用来照亮汽车仪表。踏步灯一般安装在汽车的上下车踏板的左右两侧，用来照明车门的踏步处，方便乘员上下车。行李箱灯为轿车行李箱内的灯具。阅读灯装于乘员席前部或顶部。门灯装于轿车外张式车门内侧底部，开启车门时就会发亮。丰田 COROLLA 内部照明如图 5-37 所示。

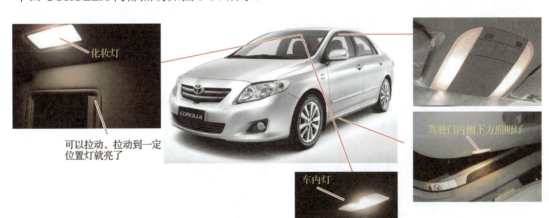

图5-37　丰田COROLLA内部照明

5.4.4 电动装置

5.4.4.1 电动门锁

电动门锁主要由锁体、锁扣和内外开拉杆(拉线)组成,接口部件有锁芯、钥匙、内外(车门)把手、保险按钮、车身控制模块或车门控制模块等。汽车门锁主要部件如图5-38所示。

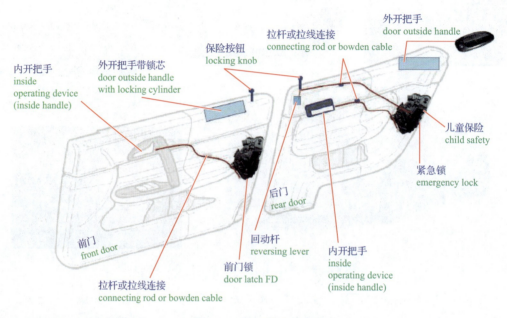

图5-38 电动门锁主要部件

电动门锁由保持机构、释放机构与保险机构三部分组成。保持机构由棘爪、卡板、底板、背板、锁扣、回位弹簧等部件组成,其作用是有效地将车门保持在关闭状态。门锁功能机构如图5-39所示。释放机构由内外拉杆(线)和释放连杆组成,作用为传递内外开运动,开启锁体;保险机构由电机、涡轮蜗杆、锁止杆、离合杆、内外锁止杆等组成,作用为确保车门在上锁状态下不被打开。

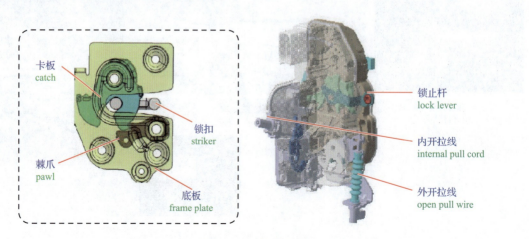

图5-39 门锁功能机构

该算法中需要用户参与，获得相关信息，使检索结果的正确率得到很大的改善。实验过程中，比较了以上算法的检索效率。

4.4 实验结果与分析

为了验证设计算法的有效性，本文使用了GTZAN音乐风格数据集[166]，该数据库中包含1000条音频文件，每个音频含30秒音乐。数据集中分为10个不同音乐风格，如蓝调、经典、爵士等，每个类别中含100个音频文件。可将属于同一类别的音乐归属到同一个语义概念下，用这个语义概念来判定相关或者不相关。每个音频都是22.05kHz，16比特单声道.wav格式的音频文件。使用汉明窗对音频信号进行加窗分帧，窗长为512（约23msec），其帧间重叠长度设置为256，每个音频文件中约含1300帧信号。实验中使用Marsyas[167]系统，提取了包括过零率、谱质心、频谱衰减等62维低层特征。

为了验证算法的有效性，首先比较了三种距离度量方式：

- 平均帧间欧式距离，使用该距离作为实验的基准算法；
- 所有帧间欧式距离；
- 典型帧特征间欧式距离。

每首音乐选择5个经GMM聚类后的中心作为典型特征，且为了得到全局特征，将每个音频文件所有帧特征串联起来作为特征向量。

每首音频都被当作查询条件做了查询，且对所有检索性能做了平均。采用查准率范围曲线（Precision-Scope Curve）作为评价算法检索性能指标。属于同一风格的音频被判定为相关，否则判为不相关。三种基于欧式距离度量算法查准率范围曲线如图4.3所示。

然后，比较了"E-typical"（典型帧特征欧式距离）、"MR-typical"（基于典型帧特征流形排序算法）和文献[168]中的"MR-mean"（平均帧特征流形排序算全景玻璃天窗与传统滑动、外翻式玻璃天窗相比，设置了后座以提供开阔视感。前部玻璃盖板可向外移动到后部玻璃面上方，后部玻璃盖板是固定的，作为滑动面，用于调控车身温度。为了起到防晒和隔音作用，全景玻璃天窗带有两个全景天窗遮阳卷帘，分别用于前部和后部车顶内衬区域。全景天窗组成部件如图5-42所示。

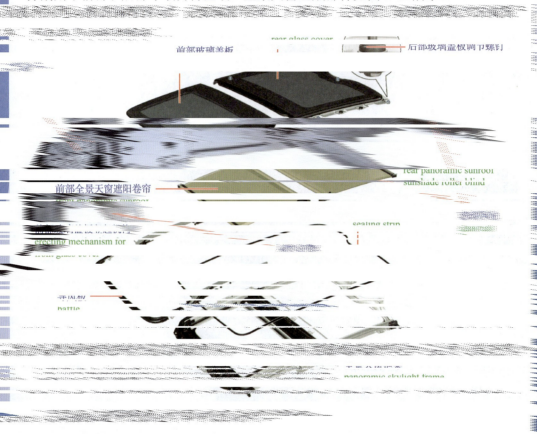

两个全景天窗遮阳卷帘可以用无级方式彼此独立打开和关闭。全景天窗在自动关闭时具有防夹保护功能。全景天窗通过控制电机对前部玻璃盖板和遮阳卷帘进行驱动，该电机自带紧脱动电机编码单元模块。前部玻璃盖板的关闭上限照明装置需由上位总线车身控制系统发出关闭信号。系景天窗的天窗控制单元控制关闭。

5.4.4 电动座椅

电动座椅一般由双向电动机、传动装置和控制电路等组成。双向电动机产生动力，传动装置可以将动力传至座椅，通过控制开关实现对座椅位置的调节。电动座椅组成部件如图5-44所示，部件具体名称如表5-1所示。电动机一般采用永磁式直流电动机，它通过控制开关来改变流经电动机内部的电流方向，从而改变转动方向。传动装置主要包括软轴与变速器输入轴相连，软轴与变速器输入轴相连，动力经降速增矩后从变速器的输出轴输出，输出轴与螺杆轴或齿轮轴相连，最终带动座椅支架产生位移。

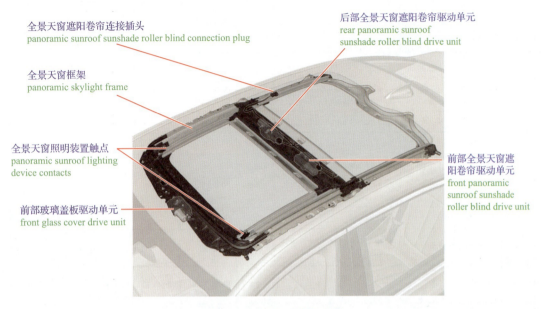

图5-43 全景天窗框架结构

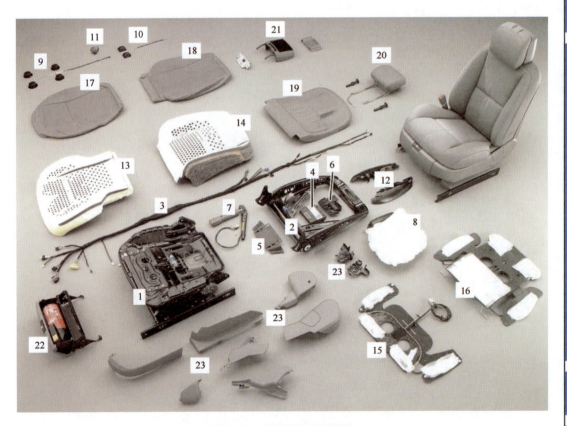

图5-44 电动座椅组成部件

表5-1 电动座椅部件名称

序号	中文名称	英文名称	序号	中文名称	英文名称
1	座椅架	seat frame	13	坐垫衬垫	seat cushion padding
2	靠背架	backrest frame	14	靠背衬垫	backrest padding
3	电线	electric wiring harness	15	坐垫模块托架	inserts/seat cushion module carrier
4	动态座椅控制单元	dynamic seat control unit	16	靠背模块托架	inserts/backrest module carrier
5	支架座椅控制单元	seat control unit bracket	17	坐垫套	seat cushion cover
6	头枕驱动	head restraint drive	18	靠背罩	backrest cover
7	带烟火紧急装置的安全带扣张紧牵引器	seat belt buckle with pyrotechnical emergency tensioning retractor	19	靠背后衬里	rear seat-back lining（backrest）
8	侧气囊	sidebag unit	20	带导轨的头枕	head restraint with guides
9	坐垫通风电机组	seat cushion ventilation motor group	21	后置娱乐装置	rear entertainment
10	靠背通风电机组	backrest ventilation motor group	22	带灭火器的储物箱	stowage compartment with fire extinguisher
11	鼓风机调节器	blower regulator	23	座椅装饰	seat trim
12	靠背框架侧	backrest frame sides			

5.4.4.5 电动后视镜

现在汽车的后视镜大多数是电动的，由电子控制系统操纵，即电动后视镜。驾驶员可以在车内通过按钮对电动后视镜的角度进行调节，以获得良好的后方视域；驾驶员在倒车时，可以让电动后视镜向下翻（前进挡时电动后视镜会自动回位），便于观察车辆与路边的距离，避免剐蹭。一些高配置轿车的电动后视镜为伸缩式，而且具有位置记忆功能。电动后视镜执行部件与开关组件如图5-45所示。

执行部件（去除后视镜镜面） 开关组件（设置与调节开关）

图5-45 电动后视镜执行部件与开关组件

电动后视镜调节开关的安装位置随车型不同而有所不同，大部分开关安装在驾驶区侧门的内饰板上，可以随意切换开关或旋钮，控制左、右电动后视镜。每个车外电动后视镜内各安装两套微型电动机和驱动器，这种电动机可以在一个方向上正反转动。其中一套操纵电动后视镜前后运动，另一套操纵电动后视镜左右摆动。按下电动后视镜开关，电流将导入左电动后视镜或右电动后视镜的电动机，并选择了电动机的电流极性，电动机按选定的方向旋转，直至电动后视镜调节到需要的位置。

5.4.4.6 雨刮与洗涤系统

雨刮系统主要由雨刮器、组合开关雨刮控制杆、自动及间歇控制单元和回位控制单元组成，有自动刮、慢速刮、快速刮等不同的刮水功能。

洗涤系统主要由洗涤器、控制开关等组成。向里拨动组合开关右手柄，洗涤器通电工作，向前风窗喷射洗涤液，车射控制模块根据检测到的通电时间，控制雨刮器动作次数，以清洁玻璃。

雨刮与洗涤系统组成部件如图5-46所示。

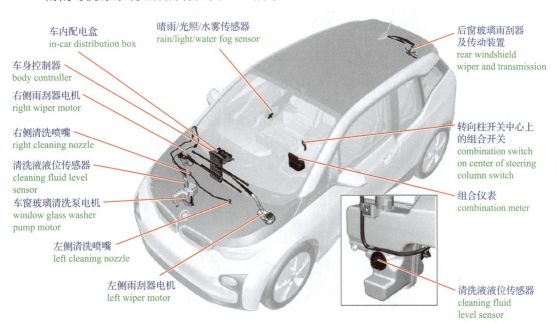

图5-46 雨刮与洗涤系统组成部件

5.4.4.7 电动转向柱

带电动纵向和高度调节装置的转向柱可使驾驶员通过无级调节转向盘获得符合人机工程学设计的最佳座椅位置和驾驶位置。电动转向柱调节装置如图5-47所示。

5.4.4.8 车门自动软关系统

车门自动软关（soft close automatik，SCA）系统即电动吸合门（简称"电吸门"），其主要部件是传感器与电动机。无论何时关门，只要动作不过于猛烈，传感器都能检测到。例如，当门关到一半（距离门锁约 6 mm 左右）时，传感器就会检测到这一情况。传感器可以检测到关门的意图，一旦车门锁锁定把手，电动机（安装在每个车门上，包括车尾行李箱）就会开启。电动机的主要任务是将门牢牢地拉合，几乎不产生任何噪声。

自动软关系统的传感器位于车门锁内，采用霍尔传感器。一个霍尔传感器用于卡爪，其他的用于碰锁。自动软关系统安装位置如图5-48所示。

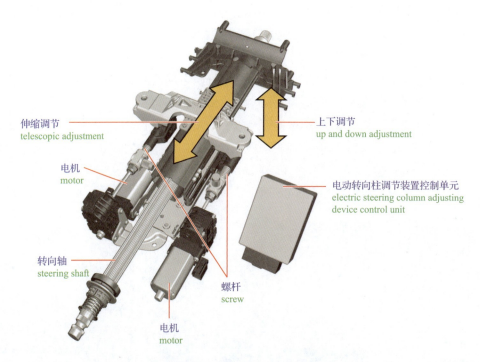

图5-47 电动转向柱调节装置

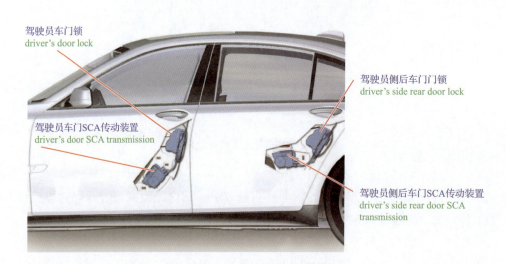

图5-48 自动软关系统安装位置

  轻轻关闭车门时，碰锁预卡止齿卡止在卡爪上。自动软关系统传动装置拉动操纵杆。操纵杆通过驱动爪使碰锁转动，直至转动到主卡止齿上方。卡爪此时可卡入碰锁主卡止齿内，因此碰锁锁死，车门锁无法自动打开。

  自动软关系统车门锁工作原理如图5-49所示。

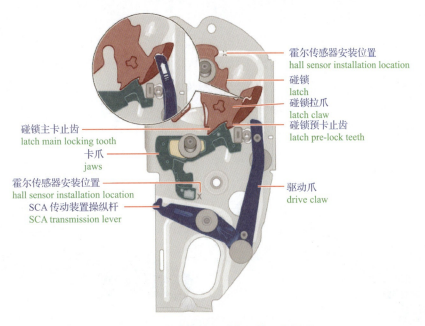

图5-49 自动软关系统车门锁工作原理

自动软关系统驱动电机轴上有一个两级蜗杆,可使自动软关系统朝"关闭"方向驱动。驱动蜗杆的转动通过中间齿轮传递到拉线驱动齿轮上,驱动齿轮将转动传递到拉线上。也就是说,通过拉线拉动车门锁内的操纵杆,从而使车门完全关闭。

自动软关系统传动装置工作原理如图5-50所示。

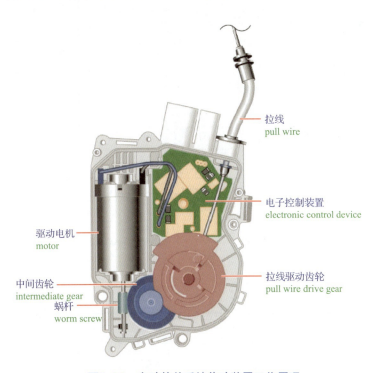

图5-50 自动软关系统传动装置工作原理

5.4.4.9 电动隐形车门把手

隐形车门外把手的回缩状态让车身侧门显得更加简洁，可以减少车辆宽度尺寸，在行驶时降低风阻；同时，在锁车和停车状态，可以防止外部拽拉，避免由此引发的安全问题。隐形把手通过电机实现把手的自动外伸及回缩，如果配备主动无钥匙进入系统，用户靠近车辆外把手时，外把手会主动伸出。

车门隐形把手自带控制器，左右前车门把手带微动按钮。车门隐形把手结构如图 5-51 所示。

图5-51 车门隐形把手结构

车门隐形把手工作原理如图 5-52 所示。

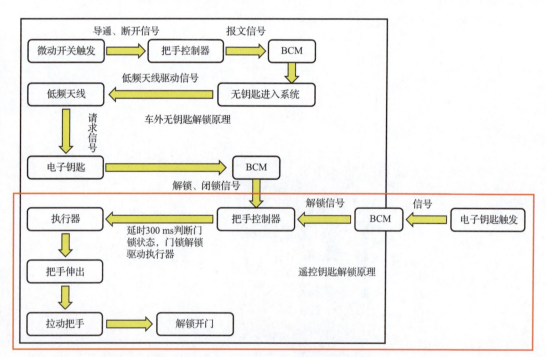

图5-52 车门隐形把手工作原理

遥控钥匙控制车门隐形把手工作原理如图 5-53 所示。

5.4.4.10 电动滑门

电动滑门是一种可以自动开关的滑动门总成，一般用于 MPV 车型。滑动门总成由门钣金、吸合锁系统、滑动门驱动系统、驱动控制模块及防夹系统等组成。它可以通过中控台、遥控钥匙或侧门上的按钮等多处进行控制，使用户进入车厢更为方便和舒适。电动滑门打开效果如图 5-54 所示。

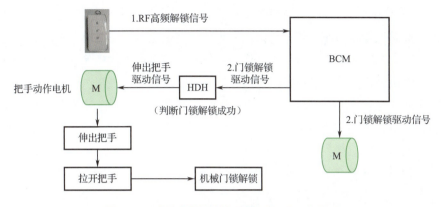

图5-53　遥控钥匙控制车门隐形把手工作原理

图5-54　电动滑门打开效果

电动滑门在机械滑门的基础上新增了一些零部件，如图 5-55 所示。

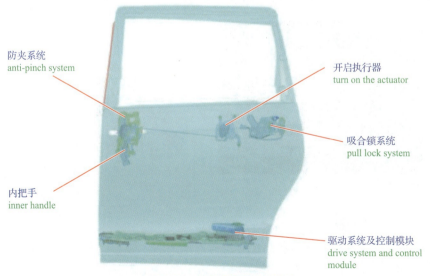

图5-55　电动滑门新增零部件

5.4.5 电热装置

5.4.5.1 除霜器

冬季汽车风窗玻璃上霜给人们驾车出行造成很大不便和困扰，目前主要的除霜方式有三种：车载暖风除霜系统、带有电阻丝的电热玻璃除霜、汽车防雾剂和防雾贴膜。大多数汽车前窗除霜装置是采用暖风装置，将热空气吹向玻璃，来达到除霜的目的。暖风装置由鼓风机、进出暖风风管、除霜喷口等组成。暖风的进口和车内暖风装置的风管相连，以便直接用暖风将覆盖于风窗玻璃外表面的霜和冰雪融化，消除风窗玻璃内表面的雾气。

对后窗玻璃，不少汽车采用热电除霜装置。热电除霜装置是把电阻丝直接置于玻璃层内，即肉眼可见的几道红线，如图 5-56 所示。利用汽车本身的电流加热电阻丝，达到除霜目的，但线条印在玻璃上会影响视线，因此这种方法仅用于后窗。电热玻璃除霜的原理是在风窗玻璃中均匀布置多条加热电阻丝，打开电阻开关后，电阻丝加热玻璃，使玻璃温度升高，附着在玻璃上的霜受热融化，从而达到除霜目的。

后窗玻璃中的加热电阻丝（红线）

后窗玻璃加热开关（REAR）

图5-56 电热除霜

5.4.5.2 点烟器

传统意义上的点烟器从汽车电源取电，加热金属电热片或电热丝等电热单元，为吸烟者提供火源。随着汽车的发展和人们需求的不断变化，现在点烟器接口通常可配置车载逆变器，可为移动电子设备充电。车用点烟器部件如图 5-57 所示。

图5-57 车用点烟器部件

5.4.5.3 座椅加热器

座椅加热是利用座椅内的电加热丝对座椅内部加热，通过热传递将热量传递给乘坐者,改善冬天车辆长时间停放后座椅过凉造成的乘坐不舒适感。座椅加热器的下层是一层无纺布,加热丝布置在无纺布上,用胶带固定,针织布盖在固定胶带上,并用针织线缝制成类似座椅加热处的形状,并缝合在座椅罩内。

座椅加热和座椅通风是有区别的,如图5-58所示。在选择了座椅加热功能后,整个座椅都被加热。在选择了座椅通风功能后,坐垫和靠背内的四个轴流风扇(图中数字表示风扇位置)都开始工作。为了防止乘员身体过冷,根据所选的挡位情况座椅会自动加热。当座椅温度低于15℃时,风扇电机就不再工作了,座椅通风功能就无法接通了。

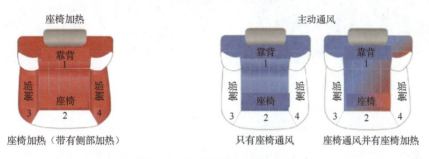

图5-58 座椅加热和座椅通风

5.4.6 电声装置

5.4.6.1 喇叭

汽车喇叭的主要作用是发出声音,警示车辆和行人注意安全,增加行驶的安全性。汽车喇叭按声音动力分为气喇叭和电喇叭两种;按外形分为筒形、螺旋形和盆形三种;按发声频率分为高音喇叭和低音喇叭两种。

气喇叭的工作原理是利用压缩空气的气流使金属膜片震动而发出声音,因此必须在带有空气压缩机的汽车上方能使用。大型客车和重型货车上一般都装有气喇叭,特别是长途运输车在山区或弯道等地段行驶时,用气喇叭鸣叫,能有效地提醒行人和对方来车驾驶员的注意。气喇叭音量大,余音好,声音悦耳,而且传播较远。气喇叭一般为筒形,使用高音与低音两个喇叭联合工作,如图5-59所示。

图5-59 气喇叭

电喇叭的工作原理是利用电磁吸力使金属膜片震动而发出声音。它是汽车上广泛应用的一种喇叭,一般制成螺旋形或盆形,如图5-60所示。

图5-60 电喇叭

电喇叭根据工作方式可以分为机械式和电子式两种。电子喇叭分为触点式和无触点式两种。触点式电喇叭利用触点的闭合与断开控制电磁线圈中励磁电流的通断,从而使铁心(或衔铁)以一定频率上下移动,并带动金属膜片振动而产生声音。无触点式电喇叭利用电子线路来控制电磁线圈中励磁电流的通断,使铁心以一定频率移动,并带动金属膜片振动而产生音响。电喇叭结构如图5-61所示。

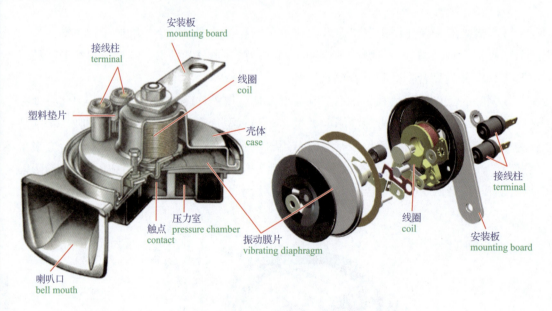

图5-61 电喇叭结构

5.4.6.2 发动机声音模拟器

与传统燃油汽车相比,电动汽车在低速行驶时产生的噪声非常小。一些国家要求电动汽车有外部声响,以便让人容易察觉到车辆。因此,电动汽车需要安装发动机声音模拟器,包括电机声响生成控制单元和电机声响生成执行器,如图5-62所示。

电机声响生成控制单元负责激活电机声响生成执行器。该控制单元连接在扩展CAN

总线上，它会分析车速和负荷力矩等信息，以便生成声响。

在电动车行驶时，电机声响生成执行器会产生声响，该声响在车速超过约 30 km/h 时会降低。车辆停下或车速超过约 50 km/h 时，电机声响生成执行器不产生声响。这个声效类似燃油车辆发动机运行时的声音。

图5-62 电动汽车发动机声音模拟器

5.4.7 空调系统

5.4.7.1 空调系统概述

现代汽车空调系统由制冷系统、供暖系统、通风和空气净化装置及控制系统组成。汽车空调系统组成部件如图 5-63 所示。

汽车空调系统按驱动方式可分为独立式和非独立式。独立式空调系统专门用一台发动机驱动压缩机，制冷量大，工作稳定，但成本高，体积和质量大，多用于大中型客车。非独立式空调系统的压缩机由汽车发动机驱动，制冷性能受发动机工作影响较大，稳定性差，多用于小型客车和轿车。汽车空调系统按性能分为单一功能型和冷暖一体式。前者制冷、供暖、通风系统独立安装，单独操作，互不干涉，多用于大型客车和载货汽车；后者的制冷、供暖、通风系统共用鼓风机和风道，在同一控制板上进行控制，工作时可分为冷暖风分别工作的组合式和冷暖风同时工作的混合调温式。轿车多用混合调温式空调系统。空调系统按控制方式可分为手动型和自动型。手动空调系统通过拨动控制板上的功能键对温度、风速、风向进行控制。自动空调系统包括电子控制气动调节和全自动调节两种。电子控制气动调节是利用真空控制机构，在选好空调功能键时，在预定温度内自动控制温度和风量。全自动调节空调系统利用计算比较电路，通过传感器信号及预调信号控制调节机构工作,自动调节温度和风量;由微机控制的全自动调节空调系统以微机为控制中心,对车内空气环境进行全方位、多功能的控制和调节。

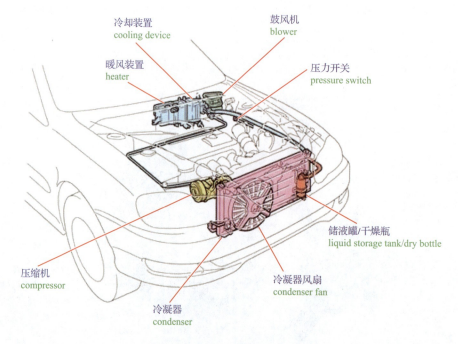

图5-63 汽车空调系统组成部件

以大众捷达为例,汽车空调系统组成部件如图5-64所示。

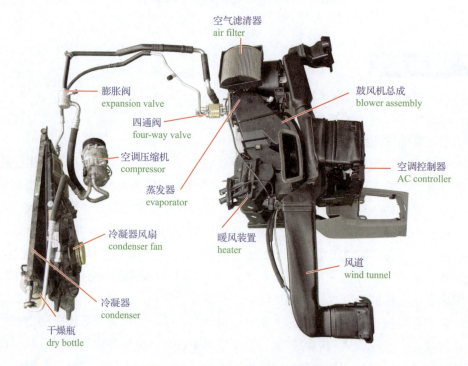

图5-64 大众捷达空调系统组成部件

5.4.7.2 电动汽车空调

纯电动汽车没有发动机作为空调压缩机的动力源,也没有发动机余热可以利用,以达到取暖、除霜的目的。对于电动汽车来说,目前主要用电动压缩机制冷,用PTC电加热器制热。PTC电加热器是用PTC热敏电阻元件作为发热源的一种加热器。电动汽车空调系统组成部件如图5-65所示。

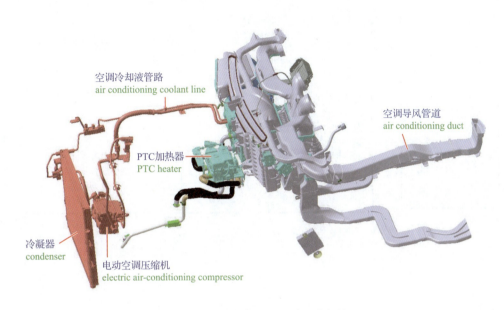

图5-65　电动汽车空调系统组成部件

电动空调压缩机将蒸发器低温低压的气态制冷剂压缩成高温高压(80～90℃,1.5 MPa)的气态制冷剂,送往冷凝器冷却。制冷剂通过冷凝器与外部空气进行热交换,被冷凝成中温、压力1.0～1.2 MPa的液态介质。冷凝后的液态制冷剂经膨胀阀进入蒸发器。从膨胀阀过来的低温低压的液态制冷剂经蒸发器不断吸收车厢空气的热量,变成低温低压(0℃,0.15 MPa)的气态制冷剂,进入压缩机,进行下一个循环。供暖系统采用空调驱动器驱动PTC加热器,将冷却液加热后供给暖风芯体;如果是插电混合动力汽车,在条件不满足的情况下,就会启动发动机制热。电动汽车空调控制系统原理如图5-66所示。

5.4.7.3 空调制冷系统

压缩机将气态制冷剂压缩为高温高压的气态,并送至冷凝器冷却,变成中温高压的液态。液态制冷剂进入干燥瓶,过滤与去湿。中温液态制冷剂经膨胀阀(节流部件)节流降压,变成低温低压的气液混合体(液体多)。气液混合体经过蒸发器吸收空气中的热量而气化,变成气态,然后再回到压缩机进行压缩,循环进行制冷。空调制冷系统工作原理如图5-67所示。

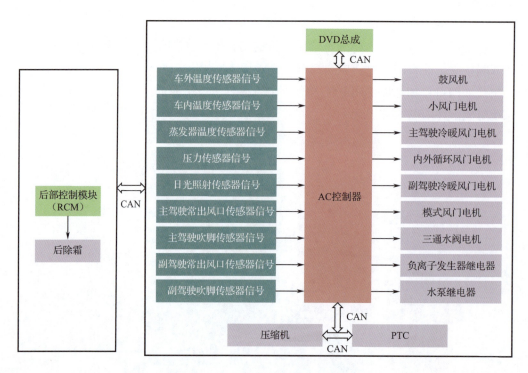

图5-66 电动汽车空调控制系统原理

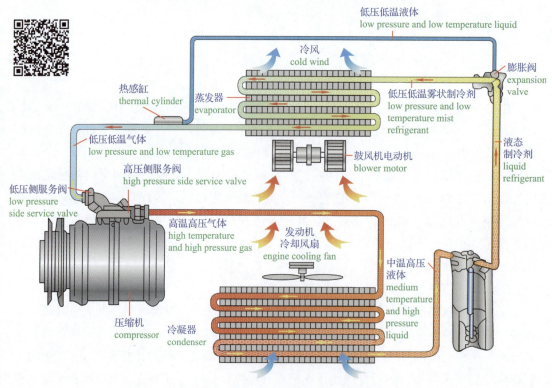

图5-67 空调制冷系统工作原理

5.4.7.4 空调暖风系统

空调暖风系统的作用主要是为车内提供暖气,为风窗除霜并调节空气。它将车内空气或进入车内的外部空气送入热交换器，吸收热量，从而提高空气温度，并利用鼓风机将热空气送入车内，提高车内的温度。冬季取暖，汽车空调可以向车内提供暖风，提高车内的温度，使乘员不再感觉到寒冷。

现在汽车使用最为广泛的是水暖式和燃烧式空调暖风系统。轿车一般用发动机的冷却液供暖，称为水暖式供暖系统。该系统利用冷却液作为热源，将冷却液引入热交换器（加热器），利用鼓风机将车内的空气吹过热交换器，从而使车内温度升高。

以大众辉腾为例，水暖式空调暖风系统工作原理如图5-68所示。两个热交换器将从制冷回路蒸发器中出来的冷却和干燥的空气加热到所需温度。泵阀单元由两个热调节阀和一个冷却液循环泵组成。冷却液循环泵有两个泵轮，用同一个电动机驱动。

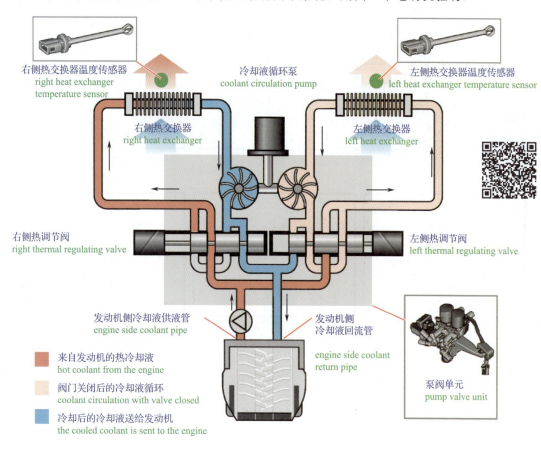

图5-68　大众辉腾水暖式空调暖风系统工作原理

5.4.7.5　自动空调系统

自动空调系统是"汽车全自动空调系统"的简称，主要由空调制冷系统、供暖通风系统和自动控制系统三部分组成。

自动空调系统一般有车内温度传感器、车外温度传感器、蒸发器温度传感器、太阳能传感器、水温传感器等传感器。其中水温传感器位于发动机出水口，它将冷却水温度反馈至ECU，当水温过高时ECU断开压缩机离合器而保护发动机，同时根据水温控制冷却水通往加热芯的阀门。有些轿车的自动空调装有红外温度传感器，专门探测乘员面额部的表面皮肤温度。传感器检测到人体皮肤温度时，将其反馈给ECU。这样，ECU有多种温度数据，就能更精确地控制空调。自动空调系统结构如图5-69所示。

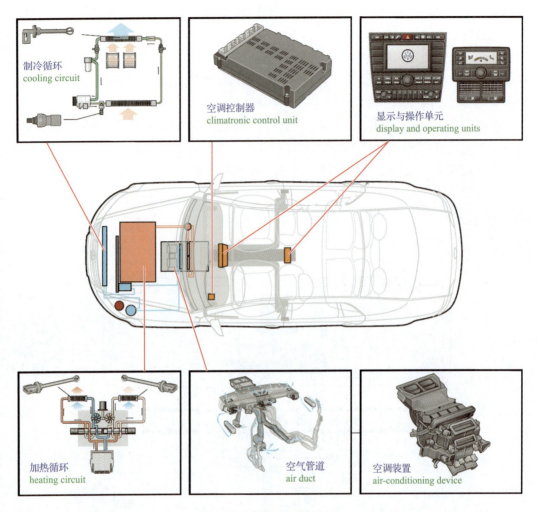

图5-69 自动空调系统结构

5.4.7.6 空气净化系统

细颗粒物（PM2.5）会对人体健康造成非常严重的危害。根据《环境空气质量标准》，PM2.5年均浓度小于35 μg/m³为达标。空气净化系统将PM2.5的监控、过滤和净化集成于空调系统。每5 s检测并提醒空气状况；将空气经过4层净化和过滤，具有超强高效的净化能力，可在4 min内将PM2.5值由每立方米500 μg降至12 μg以下。空气净化系统组成部件如图5-70所示。

空气先经过"高效过滤器"过滤，再经过"静电集尘器"过滤。空气净化流程如图5-71所示。高效过滤器采用高效低阻滤材，对直径0.3 μm以上的粉尘颗粒过滤超过70%。电离层使空气中的颗粒带电。静电集尘器自身带静电，可有效吸附带电颗粒，同时进一步吸附0.3 μm以下的粉尘颗粒。

高效过滤器

电离层

负离子发生器

静电集尘器

图5-70 空气净化系统组成部件

5.4.8 音响系统

5.4.8.1 基本音响系统

传统的汽车音响系统包括功率放大器、扬声器和音频源（如收音机、CD 播放器）。汽车收音机包括天线、接收装置、扬声修正、可听频率增幅及扬声器等部分。天线用于接收广播电台发射的电波，通过高频电缆向无线电调谐装置传送。接收装置是由无线电调谐装置将电台发射的高频电磁波有选择地接收，并解调为音频电信号。功率放大器用于将微弱的音频信号放大到可推动扬声器的足够功率。扬声器是最终决定车厢内音响性能的重要部件。

扬声器口径的大小和在车上的安装方法、位置是决定音响系统性能的重要因素，为欣赏立体声音响，车上至少要装两个扬声器。基础音响系统布置如图 5-72 所示。

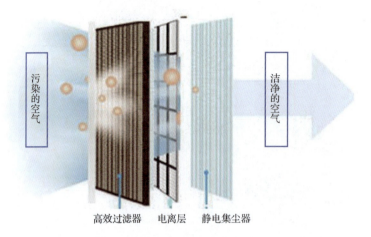

图5-71 空气净化流程

图5-72 基础音响系统

5.4.8.2 娱乐信息系统

娱乐信息系统是一般音响系统的升级版本，除具有音响系统的功能之外，还具有大屏幕和功能强大的车机（"车载计算机"的简称）模块。车机模块除具有一般影音娱乐功能外，还集成卫星导航、蓝牙、Wi-Fi、移动通信功能，可以与手机互联，远程控制车辆，以及运行车载应用软件。

车机系统绑定 4G 或 5G 流量卡，配合触摸大屏幕，其功能和操作体验就和可以上网的平板电脑一样。娱乐信息系统如图 5-73 所示。

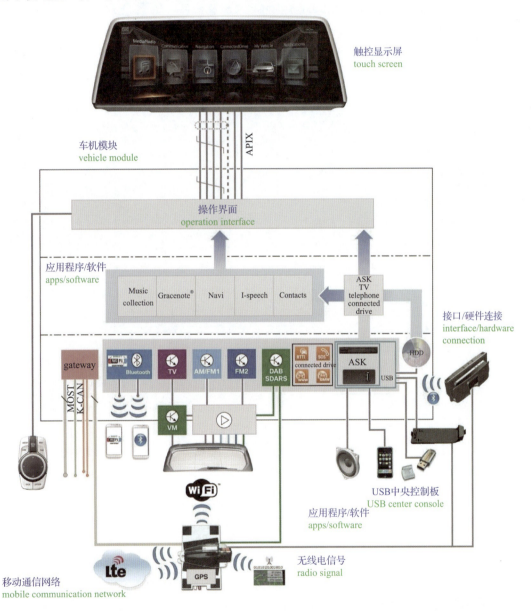

图5-73 娱乐信息系统

5.4.9 安全气囊

安全气囊分布在车内前方（正副驾驶位）、侧方（车内前排和后排）和车顶三个方向。

在装有安全气囊的容器外部印有"supplemental inflatable restraint system"字样,意为充气式辅助约束系统。汽车安全带就是用于保证乘员及驾驶员在车身受到猛烈撞击时减少伤害的装置。

汽车与障碍物碰撞称为一次碰撞,乘员与车内构件发生碰撞称为二次碰撞,在一次碰撞后、二次碰撞前一个充满气体的气囊迅速打开,使乘员因惯性而移动时扑在气囊上,从而缓和乘员受到的冲击并吸收碰撞能量,减轻乘员受到的伤害程度。

安全气囊一般由传感器、电子控制单元、气体发生器、气囊、续流器等组成,气体发生器和气囊等通常结合在一起构成气囊模块。传感器感受汽车碰撞强度,并将感受到的信号传送到控制器。控制器接收传感器的信号并进行处理,当判断有必要打开气囊时,立即发出点火信号,触发气体发生器。气体发生器接收到点火信号后,迅速点火并产生大量气体,给气囊充气。安全气囊系统组成部件如图5-74所示。

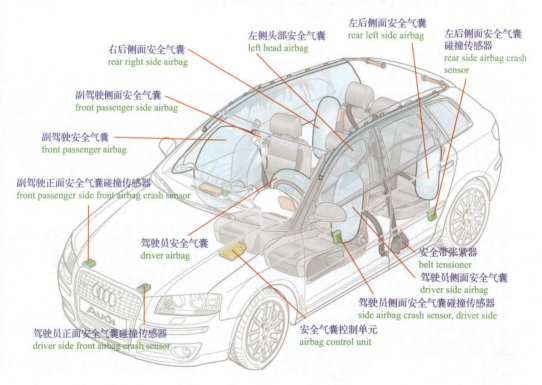

图5-74 安全气囊系统组成部件

安全气囊是呈辐射状弹开的,且点火触发的时间是错开的,这样在发生交通事故时,作用到乘员身上的负荷就减少了。根据碰撞的严重程度和种类的不同,两次点火触发的时间间隔为 5～50 ms。

5.4.10 防盗系统

汽车上的防盗系统可分为以下三类:发动机防盗锁止系统(immobilization, IMMO);遥控门锁(remote keyless entry, RKE);无钥匙进入(passive keyless entry, PKE)与启动系统。

目前以 IMMO 和 RKE 在汽车中应用最为广泛。IMMO 主要通过将加密的芯片置于钥匙中，在开锁的过程中，通过车身的射频收发器验证钥匙是否匹配来控制发动机。IMMO 工作原理如图 5-75 所示。

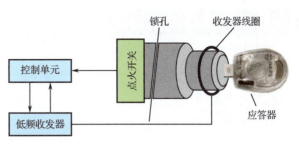

图5-75　IMMO工作原理

RKE 的主要工作原理是车主按下钥匙上的按钮，钥匙端发出信号，信号中包含相应的命令信息，汽车端天线接收电波信号，经过车身控制模块认证后，由执行器实现开锁、闭锁的动作。RKE 工作原理如图 5-76 所示。

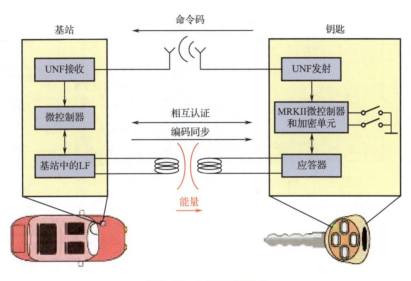

图5-76　RKE工作原理

PKE 是在 RKE 的基础之上发展起来的，采用射频识别（RFID）技术，类似智能卡。当驾驶员踏进指定范围时，该系统进行识别判断，如果是合法授权的驾驶员则自动开门。上车之后，驾驶员只需按一个按钮即可启动点火开关。PKE 工作原理如图 5-77 所示。

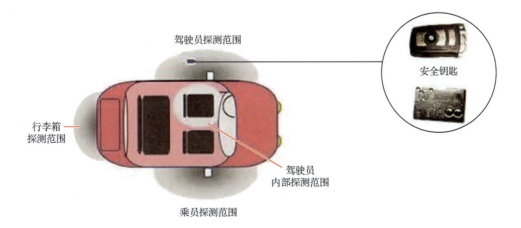

图5-77　PKE工作原理

5.4.11 车身控制模块

车身控制模块（BCM）能够完成多种车身控制功能。与车身控制模块直接连接的部件由车身控制模块控制。车身控制模块基于以下信息控制输出：从与车身控制模块直接连接的传感器和开关获得的输入信息；从与二级串行数据连接的其他车辆系统借用信息。车身控制系统如图5-78所示。

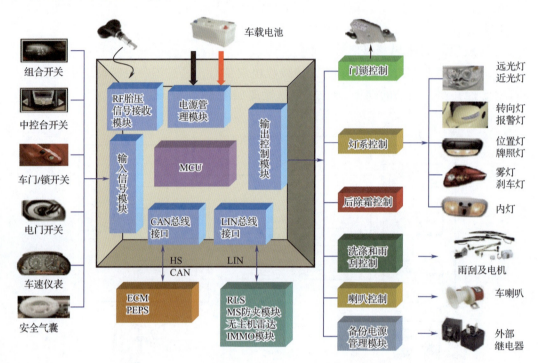

图5-78 车身控制系统

车身控制模块包括低功率的微处理器、电可擦除只读存储器（EEPROM）、CAN与LIN收发器和电源。车身控制模块具有离散的输入和输出端子，控制车身大部分功能。它通过高速CAN总线与其他主要电气系统交互作用，通过LIN总线与次要的电气系统交互作用。车身控制模块与车载网络的连接如图5-79所示。车身控制模块为大部分车辆电器部件供电。

通过高速CAN总线，车身控制模块与以下部件直接通信：
- 座椅记忆模块（如有）
- 电动尾门控制模块（如有）
- 空调系统
- 无钥匙进入和启动控制模块
- 网关

使用LIN总线，车身控制模块与以下部件直接通信：
- 雨量和大灯灯光自动控制传感器（如有）
- 天窗（如有）
- 遮阳帘（如有）

- 驻车距离控制装置
- 备用线圈
- 无钥匙进入和启动控制模块
- 驾驶员侧组合开关
- 电动车窗

在点火开关打开后,车身控制模块唤醒安全系统、照明系统和诊断系统。点火开关位于 ACC 位置时,车身控制模块允许雨刮和电动车窗系统运行。当点火开关位于 ON 位置时,燃油系统开始工作,同时车身控制模块通过 CAN 总线、LIN 总线与其他电子控制单元进行联络和信息传递。

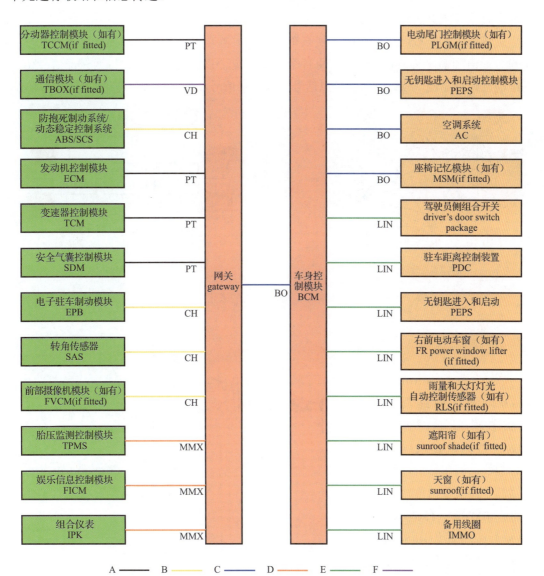

A—动力高速CAN线;B—底盘高速CAN线;C—车身高速CAN线;D—多媒体高速CAN线;E—LIN线;F—诊断高速CAN线

图5-79 车身控制模块与车载网络的连接

在点火开关关闭，CAN 总线和 LIN 总线停用的状态下，如果蓄电池仍连接，车身控制模块将一直保持睡眠待命状态，随时准备接受 CAN 总线和 LIN 总线信号。

车身控制模块监控所有信息的输入和输出，如果检测到故障，相应的故障代码将存储在故障记录中。车身控制模块能检测到短路和开路，以及错误的 CAN 总线和 LIN 总线信号。检测到故障后，车身控制模块将关闭相应功能；在故障消除后，相应功能将在下次功能请求时被激活。

5.4.12 车载网络

在汽车技术领域，电子技术正在飞速发展，汽车电器日趋复杂且高度集成化，汽车工程师必须寻求更快速有效的信息传输方式。

总线技术与车载网络的出现，使汽车更多强大的功能成为现实。为保证各种汽车电子设备通信顺畅，又节省空间，应将各个独立的电子设备连接成网络；为保证信号传递的准确性和可靠性，应将原来的模拟信号转为数字信号。车载网络的进化如图 5-80 所示。

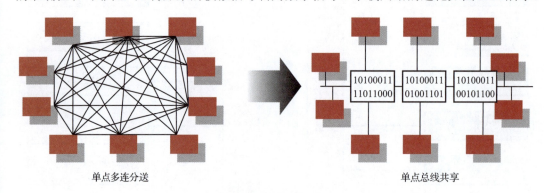

图5-80　车载网络的进化

5.4.12.1　CAN 总线

CAN 为 "controller area network" 的缩写，意为"控制器局域网络"。CAN 总线系统是双线系统，双线同时工作，可靠性很高；最大稳定传输速率可达 1000 kbit/s（1 Mbit/s）。CAN 总线特征如图 5-81 所示，CAN 总线系统构件如图 5-82 所示。

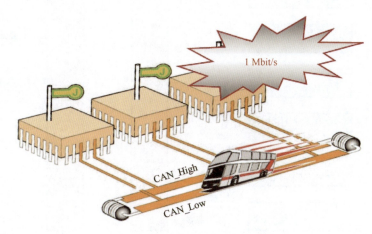

图5-81　CAN总线特征

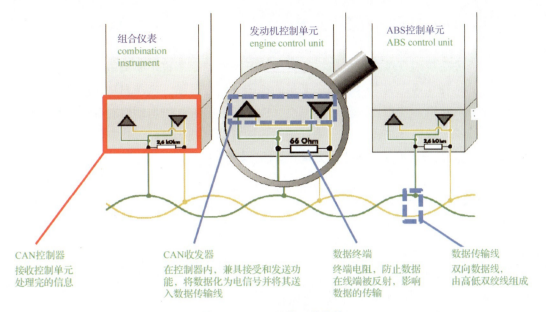

图5-82 CAN总线系统构件

5.4.12.2 LIN总线

LIN为"local interconnect network"的缩写,意为"局部互联网络"。"局部互联"指的是所有控制单元被安装在一个有限的结构空间(如车顶)内。它也被称为"局部子系统"。

一辆汽车中各个LIN总线系统之间的数据交换是通过CAN总线进行的,而且每次只交换一个控制单元的数据。LIN总线系统是一根单线总线,其车载应用示例如图5-83所示。导线有基本颜色(紫色)和识别颜色。导线截面积为0.35 mm^2,不需要进行屏蔽。系统允许一个LIN主控制单元最多和16个LIN从控制单元进行数据交换。LIN总线的数据传送速率是1～20 kbit/s。

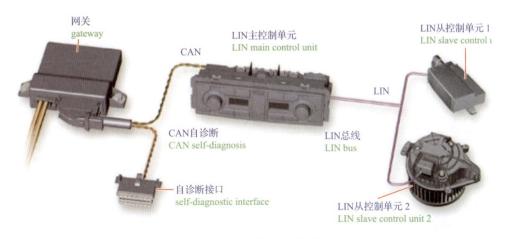

图5-83 LIN车载应用示例

第5节　自动驾驶系统

自动驾驶系统用视频摄像机、雷达传感器及激光测距器来了解周围的交通状况，并通过详尽的地图（通过有人驾驶汽车采集的地图）进行导航。汽车自动驾驶技术在国际上有一个分级标准，美国汽车工程师学会（SAE）提出的五级自动驾驶分级方案是被普遍采用的标准。该方案描述了在公路行驶的各种自动驾驶车辆，包括高级驾驶自动化及相关术语的定义。SAE自动驾驶定义和分级标准如表5-1所示。

表5-1　SAE自动驾驶定义和分级标准

SAE等级	名称	概念界定	动态驾驶任务		动态驾驶任务支援	设计的适用范围	NHTSA标准等级
			持续的横向或纵向车辆运动控制	物体和事件的探测响应			
0	无自动驾驶（no driving automation）	即便有主动安全系统的辅助，仍由驾驶员执行全部的动态驾驶任务	驾驶员	驾驶员	驾驶员	不可用	0
1	驾驶辅助（DA, driver assistance）	在适用的设计范围下，自动驾驶系统可持续执行横向或纵向车辆运动控制的某一子任务（不可同时执行），由驾驶员执行其他的动态驾驶任务	驾驶员和系统	驾驶员	驾驶员	有限	1
2	部分自动驾驶（PA, partial driving automation）	在适用的设计范围下，自动驾驶系统可持续执行横向或纵向车辆运动控制任务，驾驶员负责执行OEDR任务并监督自动驾驶系统	系统	驾驶员	驾驶员	有限	2
3	有条件的自动驾驶（CA, conditional driving automation）	在适用的设计范围下，自动驾驶系统可以持续执行完整的动态驾驶任务，用户需要在系统失效时接受系统的干预请求，及时做出响应	系统	系统	备用用户（能在自动驾驶系统失效时接受请求，取得驾驶权）	有限	3
4	高度自动驾驶（HA, high driving automation）	在适用的设计范围下，自动驾驶系统可以自动执行完整的动态驾驶任务和动态驾驶任务支援，用户无须对系统请求做出回应	系统	系统	系统	有限	4
5	完全自动驾驶（FA, full driving automation）	自动驾驶系统能在所有道路环境执行完整的动态驾驶任务和动态驾驶任务支援，驾驶员无须介入	系统	系统	系统	无限	4

（1）无自动驾驶（Level-0）：由驾驶员全时操作汽车，在行驶过程中可以得到警告和保护系统的辅助。没有辅助驾驶系统的车辆被认为是Level-0，Level-0车辆可能包含一些主动安全装置。

（2）驾驶辅助（Level-1）：通过驾驶环境信息对转向盘和加速、减速中的一项操作提供驾驶辅助，其他的驾驶操作由驾驶员完成。目前辅助驾驶技术（如车道保持、定速巡航、ACC自适应巡航和ESP等）在中高级轿车上已经成为必备配置。

（3）部分自动驾驶（Level-2）：通过驾驶环境信息对转向盘和加速、减速中的多项操作提供驾驶辅助，其他的驾驶操作由驾驶员完成。Level-2的系统仅能处理少数高频通用驾驶场景，超出可控范围的自动驾驶系统将控制权交给驾驶员，驾驶员需要实时监控并做好接管车辆的准备。Level-2和Level-1最明显的区别是系统能否同时在车辆横向和纵向上进行控制。

（4）有条件的自动驾驶（Level-3）：通过驾驶环境信息对转向盘和加速、减速中的多项操作提供驾驶辅助，其他的驾驶操作由驾驶员完成。有条件的自动驾驶是指在某些特定场景下（高速公路/道路拥堵等）进行自动驾驶，驾驶员需要监控驾驶活动。

（5）高度自动化（Level-4）：由无人驾驶系统完成全时驾驶操作，根据系统请求，驾驶员不一定需要对所有的系统请求做出应答，限定道路和环境条件。

（6）完全自动驾驶（Level-5）：可以无人驾驶车辆，允许车内所有乘员从事其他活动而无须进行监控。这种自动化水平允许乘坐人员从事计算机工作、休息和睡眠及其他活动。

汽车自动驾驶系统应用的传感器部件如图5-84所示。

图5-84 汽车自动驾驶系统应用的传感器部件

5.5.1 自适应巡航

自适应巡航（adaptive cruise control，ACC）系统是在定速巡航装置的基础上不断发展而来的。如果"前面没车"，ACC 系统就可以使用驾驶员设定的期望车速行车，这与定速巡航功能相当，如图 5-85 所示。如果前车很慢，导致本车不可能用期望车速行驶，ACC 系统可以就使两车保持驾驶员设定的期望车距，如图 5-86 所示。在需要时，车辆会自动降低输出功率、换挡（指自动变速汽车）和制动干预，以降低车速。在某些行驶状况时，ACC 系统还会要求驾驶员主动制动，这个警报信息会以听觉和视频方式显示出来的。

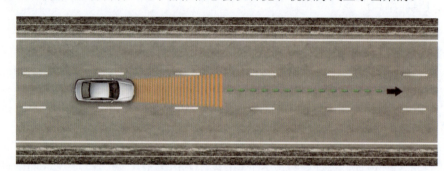

图5-85 "前面没车"：使用驾驶员设定的期望车速行车

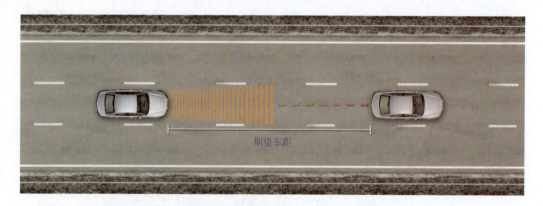

图5-86 前面车辆的车速比本车的期望车速低：实现期望车距

雷达技术被用来实现 ACC 基本功能。雷达是一种为物体定位的电子手段。雷达发射出去的波束碰到物体表面会反射回来。从发射信号到接收到反射信号所需的时间取决于物体之间的距离。雷达将接收到的反射波束与发射波束进行对比分析。雷达测距原理如图 5-87 所示。示例 B 中的距离是示例 A 中的两倍，示例 B 中反射信号到达接收器所需时间就是示例 A 中的两倍。

具有停车和起步功能的 ACC 系统将有效范围扩展到低速行驶，直至停车。因此，在一定的车速范围内，ACC 系统会自动对车距和车速进行调节。

具有停车和起步功能的 ACC 系统根据需要自动停车，当它识别到可以重新起步时就会向驾驶员发出提示信息。驾驶员必须对提示信息进行确认才能重新起步。只有在停车时间很短的情况下，具有停车和起步功能的 ACC 系统才会自动完成起步过程。遇到堵车情况时，具有停车和起步功能的 ACC 系统作用如图 5-88 所示。

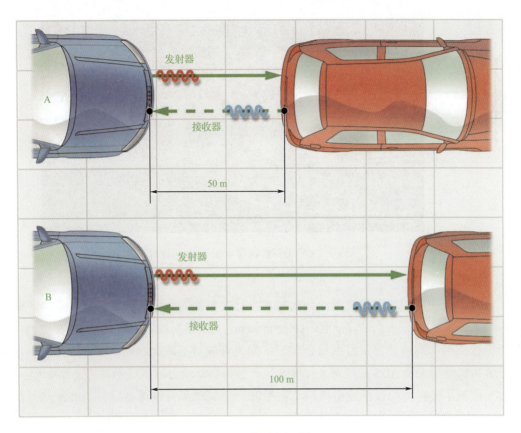

图5-87 雷达测距原理

图5-88 堵车时ACC系统作用

5.5.2 前向紧急制动

前向紧急制动（forward emergency braking，FEB）系统是一个使用前视摄像机单元信息的干涉系统，如图5-89所示。如果FEB系统判断有必要施加制动，以避免碰撞，系统就会切断油门并以可以安全停车的速度施加制动。

FEB系统使用来自前视摄像机单元的距离信息，以判断不立即制动是否会发生碰撞。

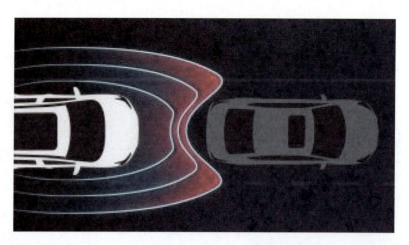

图5-89　FEB系统以10～80 km/h的速度工作

　　FEB系统使用前视摄像机单元判断与前方行驶车辆的距离：如果有碰撞危险，高级驾驶辅助系统（advanced driving assistance system，ADAS）控制模块通过CAN总线发送视觉警告信号和蜂鸣警告信号到组合仪表；如果驾驶员不施加制动，ADAS控制模块就发送紧急制动请求给ABS控制单元；ABS执行器施加制动力给制动器，尽快缓慢地停车；ADAS控制单元将制动保持继电器驱动信号发送至制动保持继电器，并点亮制动灯；如果FEB系统使车辆完全停止，车辆将保持停止约2秒钟，直到松开制动器。FEB系统工作原理如图5-90所示。

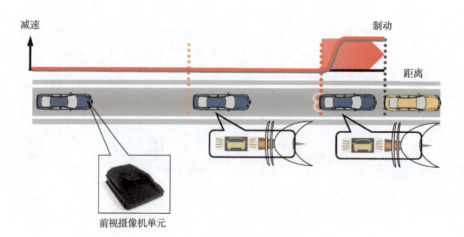

图5-90　FEB系统工作原理

满足下列条件时，ADAS控制单元执行控制：
- FEB系统设置为ON；
- 车速为10～80 km/h；
- 可能与前方车辆发生碰撞。

ADAS控制过程如图5-91所示。

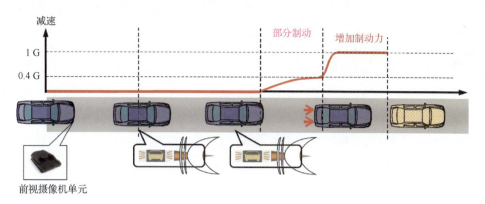

图5-91 ADAS控制过程

5.5.3 交通拥堵辅助

交通拥堵辅助系统（traffic jam assistant，TJA）是ACC系统的拓展版，可以跟ACC系统一样走走停停，但增加了轻微转向调整的功能。车距传感器和前置摄像机将前方车辆流量、道路边界、车道宽度、前车车距、自车的转向角等信息反馈给车距控制单元。车距控制单元根据内部算法，规划汽车什么时候加速、减速，直至制动。发动机控制单元根据规划策略，对车辆实施加速、减速、制动灯控制指令；转向控制单元根据规划策略，对车辆实施转向微调等控制指令；车载电子控制单元根据规划策略，对车辆实施报警信号提示或解除等信号指令。

触发交通拥堵辅助功能后，TJA系统接管车辆控制，但驾驶员的双手必须放在转向盘上，准备随时接管车辆的控制。这时候，车辆控制系统可以控制汽车的转向和油门等活动，根据规划策略，保持跟车车距，并时刻监测是否有加塞的车辆插入，做车辆转向微调和跟车动作。同时，传感器也会监测驾驶员随时接管汽车控制系统的就绪状态，如果驾驶员始终没有任何反应，系统就会以 2 m/s² 的加速度平稳减速，直至触发电子稳定控制（electronic stability controller，ESC）停车，同时闪烁警告灯。

TJA系统功能由自适应巡航系统、预碰撞安全系统和车道保持系统共同实现，应用场景如图5-92所示。这套系统利用前方雷达与前风窗玻璃上的内藏式摄像机，在车速低于 60 km/h 时保持对前车行驶情况的监测；在拥堵路况可以实现自动跟车及制动，并在车辆偏离车道时纠正行驶轨迹，辅助驾驶员控制车辆。通过对发动机控制系统、制动系统及转向系统的主动控制，TJA系统实现对前方车辆自动跟随。

图5-92 TJA系统应用场景

5.5.4　车道保持辅助

如果道路上有车道标线，或者车道与车道标线之间存在足够明显的对比，车道保持辅助系统就可以识别道路走向。车道保持辅助系统为驾驶员提供关于车道保持辅助系统工作状态的视觉信息，实施修正性或者辅助性的转向干预。如果转向干预不足以修正转向，车道保持辅助系统就会通过震动转向盘警告驾驶员；如果驾驶员松开转向盘超过设定的时间，就会向驾驶员发出一个视觉和听觉警告信号（转向盘离手识别）。当驾驶员有意变道时，如超车时，系统功能将受限。

车道保持辅助系统借助前部摄像机进行车道识别，通过修正转向干预，帮助车辆在各种行车状况下保持在车道内。该系统可用于双车道和单车道，在车速大于 65 km/h 时激活，处于主动模式。

车道保持辅助系统通过信息娱乐系统"CAR 菜单—设置—驾驶员辅助系统"开启和关闭，或通过仪表中的驾驶员辅助系统菜单开启和关闭。车道保持辅助系统开启状态如图 5-93 所示。

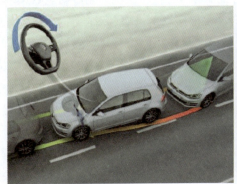
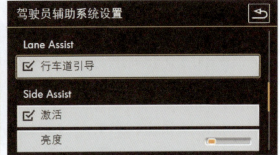

图5-93　车道保持辅助系统开启状态

根据识别到的车道走向，车道保持辅助系统会从内部设定的功能限制和驾驶安全角度出发，计算一条虚拟车道。虚拟车道计算过程如图 5-94 所示。

借助得出的虚拟车道，车道保持辅助系统计算车辆相对虚拟车道的侧向定位。如果车辆正在接近虚拟车道边缘线或者越过这条虚拟车道，那么车道保持辅助系统便会实施转向干预。

数字化

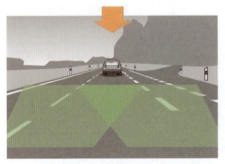
选取两个梯形探测区域

选取梯形探测区域内特定的扫描行

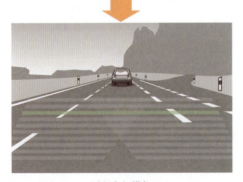
分析各扫描行

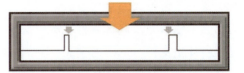
识别灰度值的大幅变化

设置标记点,用于识别实际车道走向

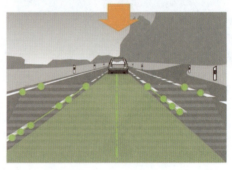

图5-94 虚拟车道计算过程

5.5.5 车道变更辅助

在变换车道导致的交通事故中,有很多是因为在换道过程中未看清车辆引起的。通过对相邻车道,尤其汽车后方区域的持续监控,车道变更辅助系统为驾驶员在超车和换道过程中提供支持,从而为提高车辆的主动安全性做出了贡献。当相邻车道被一个或多个道路使用者占用时,驾驶员会得到提醒。

车道变更辅助系统可识别出本车换车道时可能存在危险的交通情况,随后分两个等级提醒和警告驾驶员。例如,远处车辆快速从后方驶近本车,进入如图5-95所示的"换车道区域"。驾驶员自己很难对这些情况做出判断,特别是在光线阴暗的情况下。雷达传感器完全不依赖光线强度,因此车道变更辅助系统可为驾驶员提供有效支持。

其他车辆进入死角区域也会存在危险,只有非常谨慎的驾驶员才会发现这些车辆。如果驾驶员疏忽大意,可能就会忽视此处的车辆。车道变更辅助系统的雷达传感器可在本车中间区域范围内识别出相邻车道上的其他车辆。

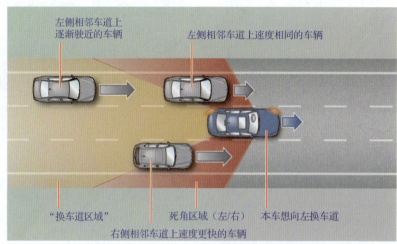

图5-95 使用车道变更辅助系统的典型路况

只要连道变更辅助系统已处于准备工作状态,就会在出现危险换车道情况时以第一等级"提醒"驾驶员注意,信息通过控制车外后视镜内的警告灯发出。

如果在这种情况下驾驶员想换车道且通过操作转向信号灯做出指示,就会触发第二个较严重的"警告"等级。相应警告灯随即以高亮度闪烁且转向盘开始振动,以此提醒驾驶员注意必须使用哪些操作部件,以消除危险情况。驾驶员必须停止换道操作,并在必要时返回初始车道。

5.5.6 红外夜视辅助

红外夜视辅助系统可以帮助驾驶员在黑暗中及时识别出车辆前方区域的行人,使其及时避免危险情况。热敏红外摄像机采集图像,将车辆前部的热敏图像显示在组合仪表显示屏上,如果将某物识别为人,那么图像还会加上颜色,如图5-96所示。红外夜视辅助系统不仅能够探测生物,还能探测车道和建筑物轮廓。

图5-96　红外夜视辅助系统识别的人体

5.5.7　抬头显示

抬头显示（head up display，HUD）系统是指将各种车辆系统的信息投影显示到驾驶员视野中的光学系统。如果想了解这些信息，驾驶员不必明显改变头部位置，只需在端坐的同时将目光投向道路即可。HUD系统应用场景如图5-97所示。

图5-97　HUD系统应用场景

HUD系统相当于一个投影装置，需要使用一个光源来投射信息。HUD系统利用LED灯组作为光源，通过TFT投影显示屏产生图像内容。TFT投影显示屏相当于滤波器，允许光线通过或阻止光线通过。

一个图像光学元件确定HUD系统显示图像的形状、距离和尺寸。图像看起来就好像自由飘浮在道路上一样，风窗玻璃的作用相当于反光镜。HUD系统工作原理如图5-98所示。

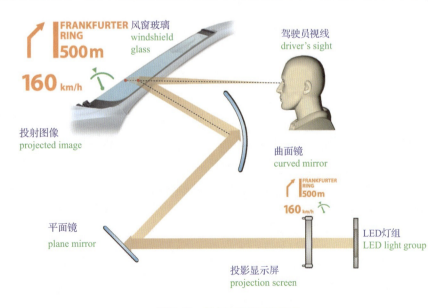

图5-98　HUD系统工作原理

HUD 系统投射图像距离观察者的眼睛大约 2.2 m，如图 5-99 所示。

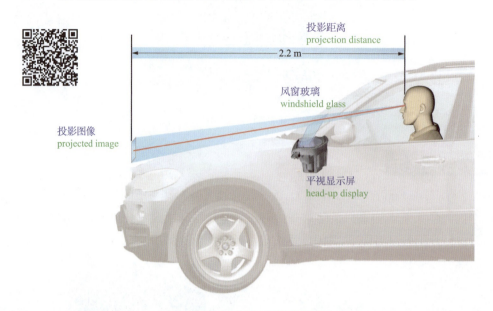

图5-99　HUD系统投影距离

5.5.8　防撞预警

防撞预警系统主要用于协助驾驶员避免高速、低速追尾，高速中无意识偏离车道，与行人碰撞等重大交通事故。防撞预警系统像第三只眼一样帮助驾驶员，持续不断地检测车辆前方道路状况，可以识别判断各种潜在的危险情况，以不同的听觉和视觉信号提醒，帮助驾驶员避免碰撞事故或降低碰撞事故的严重性。

交叉行驶防撞预警系统是基于智能视频分析处理的预警系统，如图 5-100 所示，主要功能为车距监测及追尾预警、前方碰撞预警、车道偏离预警，同时具有导航和黑匣子功能。现有的防撞预警系统还有超声波防撞预警系统、雷达防撞预警系统、激光防撞预警系统、红外线防撞预警系统等。

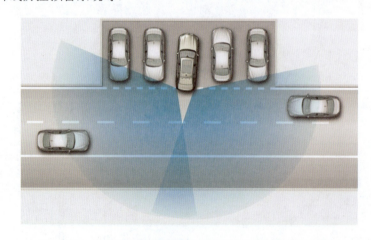

图5-100　交叉行驶防撞预警系统示例（驶出停车位过程）

5.5.9 盲区监测警示

如果其他车辆从后部接近并进入可探测距离内时，换道辅助（side assist）系统将向驾驶员发出警告。该系统对盲区进行监测，在超车或更换车道过程中，及时发出警示，为驾驶员提供帮助，如图5-101所示。该系统可以避免在高速公路和类似高速公路的道路上换道时发生事故。

图5-101　盲区监测警示

盲区监测警示功能通过信息娱乐系统"CAR菜单—设置—驾驶员辅助系统"开启和关闭，或通过仪表中的驾驶员辅助系统菜单开启和关闭。

雷达传感器探测角度约110°，能够监控车辆后面左右最大70 m的范围，如图5-102所示。变道辅助系统在车速达到大约10 km/h时就会被激活。

图5-102　雷达传感器有效控制范围

5.5.10 开门警示辅助

打开驾驶员侧车门时，开门警示辅助系统发出警告的车内情景如图5-103所示。

图5-103　开门警示辅助系统应用示例

5.5.11 疲劳驾驶警示

疲劳驾驶警示系统对疲劳驾驶的检测通过对车辆转向行为进行分析完成。如果系统识别到驾驶员有疲劳倾向，就发出声音警告，或在组合仪表的多功能显示屏上显示要求驾驶员休息的信息，如图5-104所示。

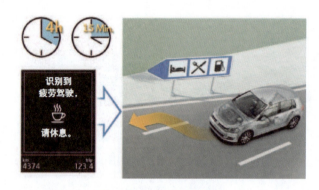

图5-104　疲劳驾驶提醒

5.5.12 交通标志识别

基于摄像机的交通标志识别系统不仅使用驾驶员辅助系统前部摄像机识别到的交通标志，而且使用导航系统中针对该交通标志的信息，作为预估路段数据传输导航数据，并告知有关前面路段的信息。摄像机识别到的交通标志有更高的优先级。当前部摄像机无法识别到交通标志时，就会关闭该系统。

该系统在车辆超出限速时可以警告驾驶员。自适应巡航系统会接受交通标志识别系统识别到的限速，用于速度控制。

被识别到的交通标志有三种不同的显示方法。

（1）在组合仪表上全屏显示，如图5-105所示。

（2）在组合仪表上扩展显示。

（3）显示在平视显示器上。

在全屏显示时，系统同时显示识别到的三个交通标志，最多可以显示三个限速标志或两个限速标志和一个禁止超车标志。限速标志可能有不同的附加指示牌。

图5-105　全屏显示（奥迪Q7）

扩展显示只能显示交通标志，如图5-106所示。此时显示的是一个限速标志，可能还有一个附加指示牌。在考虑到当前形势的情况下，系统优先显示全屏显示中的限速标志。当前形势可以是时间、识别到挂车、车窗雨刮的打开状态或前雾灯和后雾灯的打开状态。

图5-106 扩展显示（奥迪Q7）

交通标志识别系统可以在车辆超过显示的限速时警告驾驶员。系统的警告可以是纯视觉警告，即显示的交通标志开始闪烁不停。如果交通标志下方还有附加指示牌的话，那么在发出警告时保持不动，而且不闪烁。

5.5.13 驻车距离控制

驻车距离控制（parking distance control，PDC）装置俗称"倒车雷达"，也叫"停车辅助装置"，是汽车停车或者倒车时的安全辅助装置，由超声波传感器（俗称探头）、控制器和显示器（或蜂鸣器）等部分组成。驻车距离控制装置组成部件如图5-107所示。

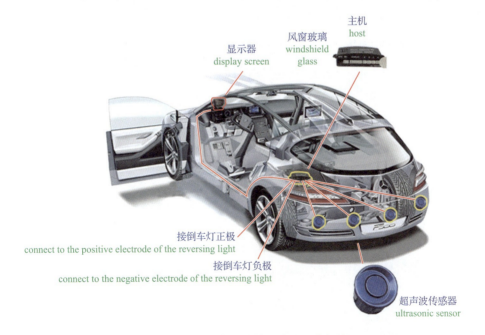

图5-107 驻车距离控制装置组成部件

5.5.14　倒车影像

倒车影像（vehicle backup camera）系统，或称倒车可视系统、车载监控系统等。该系统广泛应用于各类大、中、小型车辆倒车或行车安全辅助领域。一般普通单路输出的倒车影像仅需把电源连接线正极接到倒车灯电源正极，将电源连接线负极接到倒车灯电源负极或者接地端。车辆挂上倒挡后，车尾实物景象可通过摄像机传输到中控台显示屏，方便驾驶员判断。倒车影像系统如图5-108所示。

图5-108　倒车影像系统

5.5.15　全景影像

全景影像系统弥补了只能通过雷达或者单一的后视摄像机提供影像的不足。全景影像系统可以有四路视频输出，即前、后、左、右。摄像机安装在车前、车尾及后视镜的下面，由遥控控制，能自动切换画面。其显示的视频可以由四个视频组成，也可以由单一的视频组成。该系统有助于防盗监控与行车安全。

宝马i8全景影像系统部件如图5-109所示。

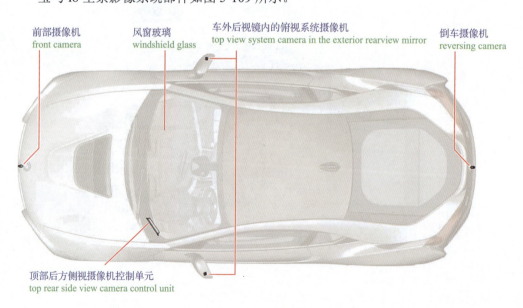

图5-109　宝马i8全景影像系统部件

摄像机通过以太网与控制单元相连。控制单元通过一根 FBAS 导线将视频信号传输给多媒体影音单元。多媒体影音单元通过一根 APIX 导线将视频信号传输至中央显示屏。全景影像系统显示画面如图 5-110 所示。

图5-110 全景影像系统显示画面

5.5.16 自动泊车

自动泊车系统就是不用人工干预，自动停车入位的系统。该系统包括一个环境数据采集系统、一个中央处理器和一个车辆策略控制系统。环境数据采集系统一般包括图像采集系统和车载距离探测系统（利用超声波雷达或者毫米波雷达）。遍布车辆周围的雷达探头测量自身与周围物体之间的距离和角度，然后通过车载计算机计算出操作流程，配合车速，调整转向盘的转动，驾驶员只需控制车速即可。

自动泊车系统既可以在垂直车位停车，也可以在平行车位停车；既可以使车辆部分或全部停在路沿上，也可以在其他障碍物（树、灌木丛或摩托车）之间停车，以及在弯道停车。此外，该系统还能帮助车辆驶出车位。

自动泊车系统应用场景如图 5-111 所示。

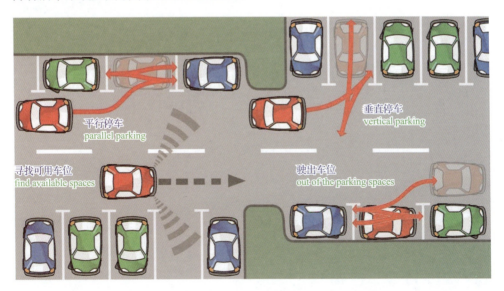

图5-111 自动泊车系统应用场景

自动泊车系统主要由功能按钮、前后左右的超声波传感器及控制系统组成，自动泊车系统部件如图5-112所示。

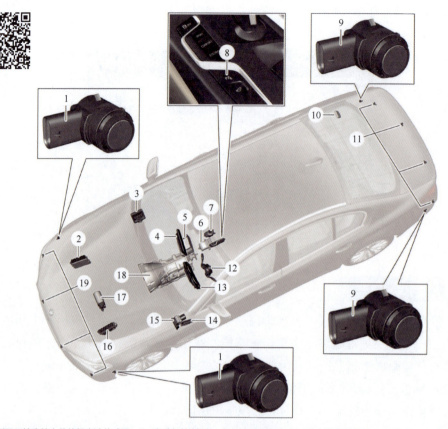

1—前侧用于搜索停车位的超声波传感器；2—发动机控制器1；3—车身控制器；4—中央信息显示屏；5—车机；6—碰撞和安全模块；7—控制器；8—泊车辅助按钮；9—后侧超声波传感器；10—驻车辅助控制单元；11—后部超声波传感器；12—转向柱开关中心；13—组合仪表；14—驾驶辅助系统（选配）；15—动态稳定控制系统；16—发动机控制器2；17—电子助力转向系统；18—变速器电子控制系统；19—前部超声波传感器

图5-112 自动泊车系统部件

附录

A. 汽车车标与品牌名称

1. 欧洲汽车品牌

标志	品牌	英文	标志	品牌	英文
	奔驰	Mercedes-Benz		精灵（奔驰）	Smart
	宝马	BMW		迷你（宝马）	MINI
	奥迪	Audi		迈巴赫（奔驰）	Maybach
	大众	Volkswagen		宾利	Bentley
	斯柯达	Skoda		兰博基尼	Lamborghini
	西雅特	Seat		曼（恩）	Man

225

续表

标　志	品　牌	英　文	标　志	品　牌	英　文
	劳斯莱斯	Rolls-Royce		菲亚特	Fiat
	路虎	Land-Rover		阿尔法·罗密欧	Alfa Romeo
	捷豹	Jaguar		谛艾仕（雪铁龙）	DS
	雷诺	Renault		雪铁龙	Citroën
	法拉利	Ferrari		标致	Peugeot
	玛莎拉蒂	Maserati		欧宝	Opel
	布加迪	Bugatti		萨博	Saab
	保时捷	Porsche		沃尔沃	Volvo

续表

标志	品牌	英文	标志	品牌	英文
	斯堪尼亚	Scania		依维柯	Iveco
	蓝旗亚（菲亚特）	Lancia		迈凯伦	Maclaren
	阿斯顿·马丁	Aston Martin		路特斯	Lotus
	阿巴斯	Abarth		摩根（英）	Morgan

2. 美国汽车品牌

标志	品牌	英文	标志	品牌	英文
	通用	GM		福特	Ford
	凯迪拉克（通用）	Cadillac		林肯（福特）	Lincoln
	别克（通用）	Buick		野马（福特）	Mustang

续表

标　志	品　牌	英　文	标　志	品　牌	英　文
	雪佛兰（通用）	Chevrolet		水星（福特）	Mercury
	土星（通用）	Saturn		克莱斯勒	Chrysler
	GMC（通用）	GMC		道奇（克莱斯勒）	Dodge
	悍马（通用）	Hummer		吉普（克莱斯勒）	Jeep
	霍顿（通用）	Holden		特斯拉	Tesla

3. 日韩汽车品牌

标　志	品　牌	英　文	标　志	品　牌	英　文
	丰田	Toyota		日产	Nissan
	雷克萨斯（丰田）	Lexus		英菲尼迪（日产）	Infiniti

续表

标　志	品　牌	英　文	标　志	品　牌	英　文
	大发（丰田）	Daihatsu		三菱	Mitsubishi
	本田	Honda		斯巴鲁	Subaru
	讴歌（本田）	Acura		五十铃	Isuzu
	马自达	Mazda		铃木	Suzuki
	现代	Hyundai		双龙	SsangYong
	起亚	Kia		大宇	Daewoo

4. 国产汽车品牌

标　志	品　牌	标　志	品　牌	标　志	品　牌
	长安欧尚		哈弗（长城）		吉利（旧标）
	长安（新标）		魏（长城）		英伦（吉利）

附录

229

续表

标　志	品　牌	标　志	品　牌	标　志	品　牌
	长安（旧标）		欧拉（长城）		全球鹰（吉利）
	长城（新标）		吉利（新标）		领克（吉利）
	长城（旧标）		吉利（次新标）		极氪（吉利）
	炮（长城）		帝豪（吉利）		华普（吉利）
	极狐（北汽）		蔚来		枫叶（吉利）
	腾势（比亚迪）		小鹏		几何（吉利）
	奇瑞（新标）		比亚迪（新标）		传祺（广汽）
	奇瑞（旧标）		比亚迪（旧标）		吉奥（广汽）
	开瑞（奇瑞）		上汽		东南（旧标）

续表

标　志	品　牌	标　志	品　牌	标　志	品　牌
	凯翼 （奇瑞）		名爵 （上汽）		海马
	瑞麒 （奇瑞）		荣威 （上汽）		江淮 （新标）
	威麟 （奇瑞）		大通 （旧标）		大通 （新标）
	理想		宝沃		哪吒
	威马		福田		零跑
	江淮 （旧标）		奔腾（新标 一汽）		昌河 （北汽）
	思皓 （江淮）		奔腾（旧标 一汽）		红旗 （一汽）
	瑞风 （江淮）		红旗		五菱

附　录

续表

标　志	品　牌	标　志	品　牌	标　志	品　牌
	驭胜（江铃）		北汽		宝骏（旧标）
	东风		威旺（北汽）		宝骏（新标）
	一汽		幻速（北汽）		坦克（长城）
	合创（广汽）		东南（新标）		众泰
	高合（华运）		飞凡（上汽）		华泰
	力帆		中华		观致（宝能）
	猎豹		野马		云度

B. 汽车英文标识含义

1. 动力技术及性能标识

标 识	说 明
55 TFSIe quattro	"TFSI"表示带涡轮增压缸内直喷技术的发动机,后加"e"表示PHEV插电混合动力类型,"quattro"表示四轮驱动。"55"表示加速值,数字越大,加速越快
ECOBOOST 285	"ECOBOOST"表示福特带涡轮增压缸内直喷与双可变气门正时技术的发动机。"285"表示发动机最大马力
TURBO 4MATIC+	"TURBO"表示发动机涡轮增压技术,"4MATIC"为奔驰四轮驱动标识,AMG车型后加"+"号表示可以实现100%的后轮驱动的四驱版本
D-4ST	丰田发动机技术:"D"表示发动机采用双喷射系统,"4"表示四冲程,"S"是加强版,"T"表示涡轮增压
XDrive 28i	XDrive为宝马四轮驱动标识,"28i"的"2"代表2.0T发动机,"8"代表高功率版,"i"表示标准轴距版本车型
3.0 Ddi VGS	"Ddi"为五十铃超压共轨技术,"VGS"指可变截面涡轮增压技术,"3.0"为柴油机排量
INTELLIGENT BOXER	斯巴鲁车型"智能水平对置发动机"配置标识。因为发动机工作时活塞就像拳击手相互出拳,所以俗称拳击手发动机(boxer engine)
SKYACTIV G	马自达创驰蓝天省油发动机技术,使用"92号"汽油实现13:1高压缩比的缸内直喷发动机
430 PHEV	"PHEV"为插电式混合动力车型标识,"430"为功率等级,数值越大动力越强,加速性能越好
380 TSI	"T"指双增压(涡轮增压加机械增压),"S"指分层,"I"指喷射。"380"表示扭矩等级,为2.0T高功率版本
NETBLUE	荣威蓝芯高效动力科技,集成TGI涡轮增压、缸内直喷、TST双离合变速器等技术
ECO dynamics	节能标识,表示带发动机智能启停功能的车型
PURETECH	标致雪铁龙带涡轮增压直喷发动机的车型标识

附录

233

续表

标　识	说　明
TGDi	带涡轮增压的燃油缸内直喷技术的汽油机
i-VTEC	本田可变气门正时与可变气门升程技术（VTEC）的合体
e-tron	奥迪电动汽车类型标识

2. 车型配置及版本标识

标　识	说　明
RS 7	"RS"表示奥迪高性能运动车型
S5	"S"表示奥迪运动汽车类型
X6 M	"M"表示宝马高性能汽车类型
AMG	"AMG"表示奔驰高性能汽车类型
HYBRID	混合动力汽车标识
AWD	全轮驱动标识
RS	运动型汽车标识
XTRONIC CVT	日产采用独特的高抗拉强度钢带传动的无级变速器标识
SYMMETRICAL AWD	斯巴鲁车型左右对称全时全轮驱动系统标识
PAWS	讴歌四轮精准转向系统技术标识

续表

标　识	说　明
GT	GT为"grand tourer"（豪华旅行车）的缩写，表示车型的高性能（高功率和大马力）属性
FR	FR为"formula racing"（方程式赛车）的缩写，表示车型的高性能（高功率和大马力）属性
SH-AWD	讴歌超级操控四轮驱动技术标识
A Spec	讴歌高性能运动车型标识
R Line	大众带外观内饰运动套件的运动车型标识
brabus|automotive	长城魏与巴博斯（德国汽车改装品牌）合作车型标识
ST Line	福特带外观内饰运动套件的运动车型标识
R DYNAMIC	捷豹带运动套件的车型标识
Avenir	别克艾维亚顶配豪华车型标识
PLUS	加强版车型标识
EV	（纯）电动汽车
LIMITED	限制版车型标识
NETGREEN	荣威"绿芯"新能源车型标识

续表

标 识	说 明
LONGITUDE	吉普豪华车型标识
EREV	增程式电动汽车（发动机只用于充电）标识
PHEV	插电混合动力汽车（可充电的混合动力汽车）标识
PLATINUM	福特铂金版车型（最高配置）标识
E-NERGI	福特插电混合动力车型标识
ELECTRIC	丰田电动汽车标识
FUELCELL	丰田燃料电池汽车（FCV）标识
PLUG-IN HYBRID	丰田插电混合动力车型标识
TITANIUM	福特钛金版车型（高配置）标识

C. 汽车英文缩略语释义

1. 常规类

略 语	全 称	中文含义
LHD	left hand	左侧驾驶车型
MLB	modularer L ngsbaukasten	纵置发动机模块化平台（大众）
MPV	multi-purpose vehicles	多用途车
MQB	modular quer baukasten	横置发动机模块化平台（大众）
MSB	modularen standardantriebs baukasten	标准模块化平台（保时捷）
NEDC	new european driving cycle	新欧洲驾驶循环
ORV	off-road vehicle	越野车
RHD	right hand	右侧驾驶车型
SRV	small recreation vehicle	小型休闲车
SUV	sport utility vehicle	运动型多功能车
TNGA	toyota new global architecture	丰田新全球架构
VIN	vehicle identification number	车辆识别代号（车架号）
OEM	original equipment manufacturer	原始设备制造商

2. 发动机

略 语	全 称	中文含义
ACF	activated carbon filter	活性炭过滤器
BDC	bottom dead center	下止点
CGI	charged gasoline injection	（汽油机）缸内直喷（奔驰）
CKP	crankshaft position	曲轴位置（传感器）
CMP	camshaft position	凸轮轴位置（传感器）
CNG	compressed natural gas	压缩天然气
COP	coil-on-plug	独立点火（线圈）
CVVT	continue variable valve timing	连续可变气门正时
DIG	direct injection gasoline	缸内直接喷射（日产）
DIS	distributorless ignition system	无分电器点火系统
DOHC	double overhead camshaft	双顶置凸轮轴
DPS	differential pressure sensor	压差传感器
ECM	engine control module	发动机控制模块
ECO	ecology conservation optimization	节能经济模式
ECT	engine coolant temp	发动机冷却液温度
ECU	engine control unit	发动机控制单元
ECU	electronic control unit	电子控制单元
EFI	electyonic fuel injection	电子控制燃油喷射（电喷）
EGR	exhaust gas recycling	废气再循环
EMS	engine management system	发动机管理系统
EVAP	evaporative emission control system	燃油蒸发排放控制系统

续表

略语	全称	中文含义
FSI	fuel stratified injection	燃油分层喷射（大众-奥迪）
GDI	gasoline direct-injection	燃油直接喷射
GPF	gasoline particulate filter	汽油颗粒捕集器
HPI	high pressure injection	（缸内）高压喷射（宝马）
HTS	high temperature sensor	（排气）高温传感器
HVA	hydraulic valve lash adjuster	液压气门间隙调节器（宝马）
i-VTEC	intelligent variable valve timing and lift electronic control	智能可变门正时及升程电子控制
IGN	ignition	点火
L	litres	升（排量单位）
LNG	liquefied natural gas	液化天然气
LPG	liquefied petroleum gas	液化石油气
MAF	mass air flow	空气流量计
MAP	manifold absolute pressure	进气歧管绝对压力（传感器）
OHC	overhead camshaft	顶置凸轮轴
PCM	power control module	动力控制模块
PCV	positive crankcase ventilation	曲轴箱强制通风
SCR	selective catalytic reduction	选择性催化还原（柴油机）
SOHC	single overhead camshaft	单顶置凸轮轴
SI	semiconductor ignition	半导体点火系统
SIDI	spark ignition direct injection	火花点燃直接喷射（通用）
TDI	turbo direct injection	涡轮增压直接喷射（柴油机）（大众-奥迪）
TDC	top dead center	上止点
TFSI	turbo fuel stratified injection	涡轮增压与燃油分层喷射（大众-奥迪）
TI-B	breaker-triggered transistorized ignition	晶体管点火系统
TPS	throttle position sensor	节气门位置传感器
TSI	twincharger stratified ion	双增压与分层喷射（国外）/涡轮增压与直接喷射（国内）（大众-奥迪）
TWC	three way catalytic converter	三效催化转化器
VANOS	variables nockenwellen-steuersystem	可变凸轮轴正时控制系统（德文）（宝马）
VCM	variable cylinder management	可变气缸管理（本田）
VTC	valve timing control	气门正时控制
VTEC	variable valve timing and lift electronic control	可变气门正时与升程电子控制
VVT-i	variable valve timing - intelligent	智能可变气门正时（丰田）

3. 新能源

略语	全称	中文含义
AC	alternating current	交流电
AC/DC	alternating current/ direct current	交流与直流转换

续表

略 语	全 称	中文含义
BCM	battery control module	电池监控模块（本田）
BCU	battery control unit	电池充电单元（宝马）
BIC	battery information collector	电池信息采集器
BMS	battery management system	电池管理系统
BMU	battery management unit	电池管理单元
CHEV	confuse hybrid electric vehicle	混联式混合动力汽车
DC	direct current	直流电
DC/DC	direct current/ direct current	直流与直流转换
DPS	differential pressure sensor	压差传感器
DHT	dedicated hybrid technology	混合动力技术
EAC	electric air-conditioning compressor	电动空调压缩机
eCVT	electric continuously variable transmission	电动无级变速器
EV	electric vehicle	电动汽车
FCEV	fuel cell electric vehicle	燃料电池电动汽车
FCV	fuel cell vehicle	燃料电池汽车
GMC	generator motor coupling	机电耦合
GPF	gasoline particulate filter	汽油颗粒捕集器
HCU	hybrid control unit	混合动力控制单元
HEV	hybrid electric vehicle	混合动力汽车
HSD	hybrid synergy drive	混合动力系统（丰田）
HTS	high temperature sensor	（排气）高温传感器
HV	hybrid vehicle	混合动力汽车
HV	high voltage	高（电）压
IGBT	insulated gate bipolar transistor	绝缘栅双极型晶体管
IMA	integrated motor assist	集成电机辅助
IMMD	intelligent multi-mode drive	智能多模驱动（本田）
IPU	intelligent power unit	智能动力单元（本田）
LFP	lifepo4	磷酸铁锂电池
MCM	motor control module	电机控制模块（本田）
MCU	moter control unit	电机控制单元
MDM	motor drive module	电机驱动模块（本田）
MG	motor generator	电动-发电机（电机）
NCA	nickel cobalt aluminum	镍钴铝（三元锂电池）
NCM	nickel cobalt manganese	镍钴锰（三元锂电池）
NiMH	nickel metal hyoride battery	镍氢电池
OBC	on board charger	车载充电机
OCP	overcurrent protection	过流保护

附录

续表

略　语	全　称	中文含义
OVP	overcharge protection	过充保护
OTP	over temprature protection	过温保护
PCU	powertrain control unit	动力控制单元（本田）
PDU	power distribution unit	动力分配单元（配电箱）
PEB	power electronics box	动力电子箱
PEU	power electronics unit	动力电子单元（电机控制器）
PHEV	parallel hybrid electric vehicle	并联式混合动力汽车
PHEV	plug-in hybrid electric vehicle	插电式混合动力汽车
PHV	plug-in hybrid vehicle	插入式混合动力汽车
PMU	power management unit	电源管理单元
PTC	positive temperature coefficient	正温度系数/高压加热装置
RXBEV	range extender battery electric vehicle	增程器蓄电池电动车
SHEV	series hybrid electric vehicle	串联式混合动力汽车
SOC	state of charge	电量状态（电池电量显示）
SOH	state of health	健康状态（电池寿命显示）
THS	toyota hybrid system	丰田混合动力系统
UVP	under-voltage protection	低电压保护
VCU	vehicle controller unit	整车控制单元

4. 底盘

略　语	全　称	中文含义
ABS	anti-locked braking system	防抱死制动系统
ASR	accelerate slip regulation	加速防滑控制
AT	automatic transmission	自动变速器
ATF	automatic transmission fluid	自动变速器油
AMT	automated mechanical transmission	自动控制机械变速器
AVH	automotive vehicle hold	自动驻车
AWD	all-wheel drive	全时四轮驱动
BAS	brake assist system	制动辅助系统
BOS	brake override system	制动优先系统
CCC	china compulsory certification	中国强制性认证
CDP	controller deceleration parking	控制减速停车
CVT	continuous variable transmission	无级变速器
D	drive	前进挡（AT挡位）
DAC	down-hill assist control	下坡辅助控制
DCT	double clutch transmission	双离合变速器
DKG	doppel kuppling getriebe	双离合变速器（德文）（宝马）

续表

略　语	全　称	中文含义
DOT	department of transportation	（美国）交通部
DSC	dynamic stability control	动态稳定控制
DSG	direct shift gearbox	直接换挡变速器
EBA	electronic brake assist	紧急制动辅助
EBD	electric brakeforce dis-tribution	电子制动力分配
EDC	electronic damper control	电子减震控制（宝马）
EDS	electronic differential system	电子差速锁
EHPS	electro hydraulic power steering	电子液压助力转向系统
EMF	elektromechanische feststellbremse	电动机械式驻车制动器（德文）（宝马）
EPB	electrical park brake	电子驻车制动
EPS	electric power steering	电动助力转向
ESC	electronic stability controller	电子稳定控制
ESP	electronic stability program	电子稳定程序（博世）
FF	front engine front wheel drive	前置发动机前轮驱动
FR	engine front rear wheel drive	前置发动机后轮驱动
HAC	hill－start assist control	坡道启动辅助控制
HBA	hydraulic brake assist	液压制动器辅助
HDC	hill descent control	坡道缓降控制
HHC	hill hold control	坡道保持控制
MR	mid-engine rear-wheel drive	中置发动机后轮驱动
MT	manual transmission	手动变速器
MTF	manual transmission fluid	手动变速器油
N	neutral	空挡（AT挡位）
P	parking	驻车挡（AT挡位）
PDK	porsche doppel kupplung	保时捷双离合器变速器
R	reverse	倒挡（AT挡位）
RPA	remote parking assist	遥控泊车辅助
RR	rear-engine rear-wheel drive	后置发动机后轮驱动
RSC	run stability control	泄气保用轮胎（防爆轮胎）
SAS	semi-active suspension	半主动悬架
SH-AWD	super handling all-wheel drive	超级操控全轮驱动
TCM	transmission control module	变速器控制模块
TC-SST	twin clutch-super sport transmission	双离合变速器（三菱）
TCS	traction control system	牵引力控制系统
TCU	transmission control uint	变速器控制单元
TPMS	tire pressure monitoring system	胎压监测系统
VDC	vehicle dynamic control	车辆动态控制
4WD	4 wheel drive	四轮驱动

5. 车身

略 语	全 称	中文含义
CFK	chemical fiber reinforced plastics	碳纤维增加材料
CP	complex phase	多相（钢）
DP	dual-phase	双相（钢）
IP	instrument pack	仪表板
ODB	offset deformable barrier （crash testing）	偏置变形障碍（碰撞测试）
NCAP	new car assessment program	新车评价程序（新车碰撞测试）
NVH	noise、vibration、harshness	噪声、振动与声振粗糙度

6. 电气

略 语	全 称	中文含义
A/C	air conditioning	空调
ACC	adaptive cruise control	自适应巡航控制
ACC	accessory	附件（娱乐设备供电）
ADAS	advanced driving assistance system	高级驾驶辅助系统
AEB	autonomous emergency braking	紧急制动
ANT	antenna	天线
ASA	audi side assist	奥迪侧向辅助（换道辅助）
ASIC	application specific integrated circuit	专用集成电路
AUX	auxiliary	辅助的
BCM	body control module	车身控制模块
CAN	cable area network	控制器局域网络
CDL	central door locking	中控门锁
DCM	doors control module	车门控制模块
DFM	driver fatigue monitoring	驾驶员疲劳监测
DLC	diagnostic link connector	诊断接口
DTC	diagnostic trouble code	故障诊断代码
ESCL	electronic steering column lock	电子转向柱锁
FEB	forward emergency braking	前向紧急制动
FM	frequenncy modulation	调频
GPS	global positioning system	全球定位系统
HID	high intensity discharge	高压气体放电（氙气大灯）
HSU	handle switch unit	手柄开关单元
HUD	heads up display	抬头（平视）显示
ICM	instrument cluster module	仪表板模块
IMMO	immobilizer	防盗装置
IPK	instrument pack	组合仪表
LCD	liquid crystal display	液晶显示屏

续表

略　语	全　　称	中文含义
LED	light emitting diode	发光二极管
LIN	local interconnect network	局部互联网络
LKA	lane keeping assist	车道保持辅助
MIC	microphone	麦克风
MOST	media oriented systems transport	面向媒体的系统传输总线
NTC	negative temperature coefficient	负温度系数
OBD	on-board diagnostics	车载诊断
PCB	printed circuit board	印制电路板
PCW	pedestrian collision warning	行人避撞预警
PDC	parking distance control	驻车距离控制
PEPS	passive entry passive start	无钥匙进入及启动系统
PLG	power lift gate system	电动尾门系统
PM	particulate matter	颗粒物
PSU	proximity senor unit	接近传感器单元
PWM	pulse width modulation	脉冲宽度调节
PWR	power	供电
RKE	remote keyless entry	遥控门禁系统
RSK	remote secret key	远程密钥
RSSI	received signal strength indication	接收信号强度提示
SCA	soft-close-automatik	自动软关
SPK	speaker	扬声器
SRS	supplemental restraint system	辅助约束系统（安全气囊）
SSB	start/stop button	启停开关按钮
ST	start	启动
SW	switch	开关
TEMP	temperature	温度
T-BOX	telematics box	通信模块
TJA	traffic jam assistant	交通拥堵辅助
TSR	traffic sign recognition	交通标志识别